STRESLİ İMAN

Strese girenin imanından şüphe edilir mi?

Sait Çamlıca

ikidünya

İKİDÜNYA

Stresli İman

Sait Çamlıca

Baskı: Bayrak Matbaası
Davutpaşa Cad. No: 14 Kat: 2
Topkapı / İstanbul
Tel: (0212) 493 11 06

1. Baskı: Haziran 2009 İstanbul

ISBN: 978-9944-466-09-7

KİTAP YAYINCILIK San. Tic. A. Ş.
Merkez Mah. Karaoğlanoğlu Cad.
Konut Sk. No: 9
Mahmutbey / Bağcılar - İstanbul
Tel: (0212) 447 33 37 pbx
Faks: (0212) 447 33 89
www.ikidunya.com
kitap@ikidunya.com

Yayın Yönetmeni : Adem Özbay
Editör : Zeynep Özkan
Kapak Tasarım : Gökhan Koç
İç Tasarım : Seda Aşlamacı

STRESLİ İMAN

Strese girenin imanından şüphe edilir mi?

ikidünya

Yetişmemde büyük emeği geçen
Sevgili Dayım Abdullah TEMEL'e…

Yayınlanmış eserleri

Çocuk Eğitiminde 33 Hata (Akis Yay.)

Çocuklar Ayak İzlerinizi Takip Eder (Akis Yay.)

Okuyorum O Halde Varım (Akis Yay.)

Öğretmen Tohumda Ormanı Görmeli (Akis Yay.)

İÇİNDEKİLER

SAİT ÇAMLICA

Bir "gurbet hikayesi"dir
bizim hikayemiz.

Babam Tokat'ın Niksar ilçesinin Sorhun köyünde dünyaya gelmiş. Ekmek parası kazanmak için 3 bin km uzaklara (Almanya) gitmek zorunda kalmış. İki yıl para biriktirmek için çıktığı gurbetten 35 yıl geçtiği halde hâlâ dönememiş.

Ben de o gurbette doğdum. 10 Ekim 1974 tarihinde Almanya'da dünyaya geldim. Köln'e bağlı küçük ve şirin bir kasaba olan Bergneustadt'a başlayan hayat yolculuğumun ilk 13 yılı oralarda geçti.

Maddi sıkıntılar yüzünden okuma hayatını sürdürme imkanı bulamamış olan babam, benim okumam için her türlü desteği verdi. Almanya'da kalmamı istemedikleri için 1987 yılında beni Türkiye'de bıraktılar. Gurbet hayatım da başlamış oldu.

1993 yılında Tokat/Turhal İmam Hatip Lisesi'ni bitirdim. 1996 yılında başladığım Marmara Üniversitesi Almanca Öğretmenliği bölümünden 2000 yılında mezun oldum. Mezun olmadan önce "Sınıf Öğretmenliği Sertifikası" aldım.

Kısa bir süre vekil öğretmenlik yaptım. Yine kısa bir süre Mardin'in Midyat ilçesinin Kayalıpınar köyünde sınıf öğretmenliği yaptım. Bunlar dışında iş hayatım hep özel sektörde geçti.

Üniversite yıllarım genelde kitap okuyarak geçti. Askerliğimde de iyi kitap okudum. Burdur'da ve Kıbrıs'ta geçen yedi aylık askerliğim süresinde 40 civarı kitap okudum. İş hayatımda okuma alışkanlığının çok faydasını gördüm.

Özel sektörde öğrenci, öğretmen ve veli seminerleri vermeye başladım. Okuduklarımı gözlemlerimle yoğurup benzetmelerle anlatınca, hitap ettiğim kitlelere tahminimden fazla şeyler verebilmeyi başardığımı fark ettim.

Onlar dinlemeye devam ettikçe ben konuşmaya devam edeceğim. İstanbul merkezli olmak üzere Anadolu'nun birçok şehrinde ve Avrupa'da gurbetçilere eğitim seminerleri vermeye çalışıyorum. Paylaşmak beni rahatlatıyor.

"Kitap insanı, insan dünyayı değiştirir" sözünü kendime rehber edindim. Anne-babamdan bana kalmış en güzel miraslardan bir tanesi de okuma alışkanlığıdır. İnsanlığın esaretinin temel nedeninin cehalet olduğuna inandığım için okumaya ve okutmaya devam edeceğim, esaret zincirleri kırılıncaya kadar...

"Çocuk eğitimi, öğretmen sorumluluğu, motivasyon, liderlik ve yönetim" konularında kitap çalışmalarımı yayına hazırlamaya çalışıyorum.

Ben hem okuyorum hem yazıyorum hem de konuşuyorum.

Yazdıklarım okunmaya devam ettikçe ben yazmaya devam edeceğim.

Ben konuşurken kitleler dinlemeye devam ettikçe ben konuşmaya devam edeceğim.

Okunmaktan vazgeçildiğim zaman yazmaya, dinlenmekten vazgeçildiğim zaman konuşmaya ara veririm.

Ama asla okumaya ara vermem; çünkü beni kimse esir alamaz.

Okumak, özgürlüktür.

Okumanın mutluluğunu ve özgürlüğünü yaşamayı seven insanlarla sohbet etmekten keyif alıyorum.

Okuyorsanız, görüşebilmek temennisiyle...

SAİT ÇAMLICA

Eğitimci-Yazar

www.saitcamlica.com

ÖNSÖZ

Her şey öğrencilerimin şikayetleri üzerine başladı. Öğretmenliğe başlayıncaya kadar "Stres" kelimesi benim için pek bir şey ifade etmiyordu. "Can sıkıntısı, moral bozukluğu" gibi duyguları, herkes kadar, ben de hayatımda çok yaşadım. Adına "stres" dememiş olsam bile!

Sıkıntılar üst üste gelince bunalmak yada efkarlanmak hayatın ve gençliğimizin bir parçasıydı. Sakinleştirici bir ilaç kullanmak bir tarafa, kullanan bir arkadaşımı bile hatırlamıyorum.

"Sınavlarda bildiğim her şeyi unutuyorum hocam!"

"Sınava girince gözlerim kararıyor hocam!"

"Sınavı kazanamasam ben ne yaparım hocam?"

Sadece öğrenciler değil. Anne babalar da çocuklarının sınav stresinin stresini yaşıyordu.

Stres konulu ilk kitabımı öğrencilerime yardımcı olmak için okumak zorunda kaldım.

Avrupa ve Amerika'da insanların büyük bir kısmının "sakinleştirici ilaç" kullandığını da o zaman öğrendim.

"Yazık!" dedim. "Ne hale gelmiş Batılılar. İlaçsız (hapsız) bir hayat bile yaşayamıyorlar."

İlaç sektörü hakkında okuduklarımı bu kitapta paylaşacak değilim. Para için insanların beden sağlığını umursamayan bir sektörün, insanlığın ruh sağlığı için çalışacağına da kimse inanmaz.

Sakinleştirici ilaç kullanan insanların bizim ülkemizde de her geçen gün arttığını öğrendiğim zaman şaşırmıştım. Ancak en büyük şaşkınlığımı "dindar" insanların da "hapçı" olmaya başladığını öğrendiğim zaman yaşadım.

Can sıkıntısını "hap" kullanarak gidermeye çalışan "dindar" insanın hapçılığını mı sorgulamalı, dindarlığını mı?

Yürüdüğü yolda ayağına diken batan insan, ya yolunu, ya yolcuğunu ya da dikkatsizliğini sorgular. Akıllı adam, ayağına batan dikeni, akrebin iğnesiyle çıkartmaya çalışmaz.

Rahmetli Onk. Dr. Haluk NURBAKİ hocanın "Namazın Sırları" kitabından, "Gün gelecek Doktorlar reçetelerine, huzurlu ve sağlıklı bir hayat yaşamak istiyorsanız, 'abdest alın namaz kılın' yazmak zorunda kalacaklar" cümlesini okuyunca zihnimde çok farklı bir ışık yandı.

"Dinin direği" olarak öğrendiğim-kıldığım namaza, hiç bu pencereden bakmamıştım.

Stres, hayat, iman üçgenindeki notlarımı harmanladım bu kitap çalışmamda. "Kitabı okuyanların imanı mı artar, stresi mi azalır?" gibi soruların cevapları bu kitabın konusu değil. Benim tek bir amacım var bu çalışmamla: İman ile stres'in yan yana yakışmadığını anlatmaya çalışmak.

Kitabı okuyunca, bana katılsanız da katılmasanız da, bir mail yoluyla fikrinizi bana ulaştırmanız beni mutlu edecektir.

NOT

Bu kitap hem internet haber sitelerinde yayınlanan köşe yazılarımdan, hem de ajandalarımın köşelerine not aldığım yazılarımdan oluşmuştur.

Başlarken

Bu kitap niçin yazıldı?

Bu kitap bir "iman" sorgulama kitabı değildir. İnançlı bir insanın stres karşısındaki tutumunu sorgulamak için yapılmış bir çalışmadır.

"İmtihan Dünyası" cümlesini defalarca kullandığı halde, ilaç kullanmadan duramayan insanların, hayata bakışlarındaki çelişkiyi anlatmak için kaleme alınmış bir kitaptır.

Hayat yolunda hepimiz sıkıntılar yaşarız. Tüm bu sıkıntıların hayatın-imtihanın bir parçası olduğunu ne kadar çok unutursak, o kadar çok bunalımlar yaşıyoruz.

Hastalıklar hayatın-imtihanın bir parçasıdır.

Kanser, verem, ülser olmak hayatın-imtihanın bir parçasıdır.

Bir kaza sonucu sakat kalmakta hayatın-imtihanın bir parçasıdır.

Evlat acısı hayatın-imtihanın bir parçasıdır.

Fakirken zengin olmak hayatın-imtihanın bir parçasıdır.

Zenginken fakir düşmek de hayatın-imtihanın bir parçasıdır.

Ulaşmak istediğimiz hedeflere ulaşamamak da.

Bir sınava girip o sınavı kaybetmek de hayatın-imtihanın bir parçasıdır.

Tüm bu ve benzeri sıkıntılara sabretmek **"İmanın bir parçası"** değil midir? İmanımız stresli ise, hayatımız da stresli geçiyor.

Bu kitap yaşadığımız dönemin en önemli sorunlarından biri olan "Stres" üzerine düşünülerek meydana gelmiş bir çalışmadır. Strese giren insan imansız değildir elbette. Ancak tutunduğumuz iman dalı bizi hayatın sıkıntılarından (stresten) çıkartamıyorsa, iman dalına ne kadar sağlam tutunduğumuzu sorgulamak zorundayız.

"*Kesinlikle, elsiz, ayaksız ya da başsız bir insan tasavvur edebilirim; çünkü bize öğretilen yegane tecrübe başın ayaktan daha zorunlu olduğudur. Fakat düşüncesiz bir adam tasavvur edemem; böyle biri ya bir taş ya da bir hayvan olurdu*" diyor Pascal.

Hamdım, yandım, oldum...

Zorluklar insanı pişirir, olgunlaştırır. "Hamdım, yandım, oldum" diyen Mevlana'da, yanmanın olmak için ne kadar önemli olduğunu anlatıyor. Hayatımızın en büyük sıkıntıları, aslında, hayatımızın en büyük dersleri olmuyor mu? Arkadaşlık ve dostluk üzerine en büyük dersimizi "dost kazığı" ile karşılaşınca almıyor muyuz?

Depremden sonra yapılan binaların depremden önce yapılan binalardan çok daha sağlam olduğunu herkes bilir. Hayatın depremleri de bizi kendimize getirmek için yaşadığımız sarsıntılardır.

Ufak tefek sarsıntılar yüzünden bunalıma girip hayata küsen insanlar deprem geçse de kendilerine gelemiyorlar.

"Size kaldıramayacağınız yükü yüklemem", "Her sıkıntıda bir kolaylık vardır" diyen Allah'a dayanmayıp, ilaçlara sarılan insanlar, hayata ve dine bakışlarını mutlaka sorgulamak zorundadır.

Yusuf İslam... Cat Stevens...

"*1975'de kardeşim Kudüs'ten bana bir Kur'an getirdi. Fatiha Sûresini okuduktan sonra mesajın evrenselliğini anlamaya başladım. Daha önce karşıma çıkan hiçbir kitap gibi değildi. Kelimeler garip bir şekilde bana tanıdık geldi. Bir aidiyet duygusu içimden aktı. Okyanusu bulmuş bir ırmak gibiydim...*" diyor. Bir kez evet sadece bir kez okuyarak bunları hissetmiş. Günde kırk defa okuyanlar hiçbir şey hissetmiyorsa ortada ciddi bir problem var demektir.

Yeryüzünde mutlu ve huzurlu yaşamak isteyen herkes, gökyüzüyle bağlantısını sağlam kurmak zorundadır. Gökyüzüyle bağlantısını sağlam kurmayanlara veya bağlantısını tamamen koparanlara yeryüzü dar gelir.

Gökyüzüyle ilişkisini kiliseye para ödeyerek kurmaya çalışan batılının hali içler acısıdır.

Asrın Hastalığı STRES

İnsanı yakın duygusal ilişkilerden uzaklaştıran, verimliliğini düşüren ve en önemlisi hayattan aldığı zevki azaltan bu kara buluta **"Stres"** deniyor.

Kirli havanın büyük şehirleri kararttığı gibi, 20. y.y. hastalıkları da insanı hemen öldürmeyip hayatını karartıyor.

İşini kaybetme endişesi, Arkadaş veya eşin kırıcı sözleri, otobüse, derse, randevuya yetişememe düşüncesi bile stres yapıyor.

Din, etkin olduğu toplum ve çevrelerde son derece mükemmel bir psikoterapi rolü oynamıştır.

Sanayi ve Endüstrileşmeden sonra başta Batı'da dinin hayattaki etkisi azalmıştır. "Tanrı'ya" olan inanç yerini "Bilime" bırakmıştır. Ancak bilim, bugünün insanlarının sorularına yeterince cevap verememektedir.

Stres ve Başaçıkma Yolları

Acar - Zuhal BALTAŞ

Remzi Kitabevi

Dünyanın bütün kahveleri, bütün kahvehaneleri sizin olsa nedir ki...
Yalnız karıştırıyorsanız bir kahveyi...

Modern Psikoloji batıyı kurtaramadı, bizi nasıl kurtaracak?

Başlığa bakıp benim psikolojiye karşı olduğumu düşünmesin hiç kimse. Tam aksine en çok ilgilendiğim ve sevdiğim alanlardan biridir psikoloji.

İnsan davranışlarının sebepleri üzerine düşünmeyi, davranışlarının sebeplerini anlamaya çalışmayı çok seviyorum. Ancak psikolojiyi sevdiğimden çok daha fazla sevdiğim iki şey var: ***Okumak ve okuduklarım üzerinde düşünmek.***

* * * * * * *

Farenin peyniri bulmak için göstermiş olduğu çaba ve bu çabadan alınan notlardan yola çıkarak insan psikolojisini çözdüğünü düşünen batı, ***peynire ulaşmanın başarı veya mutluluk olduğunu düşündüğü için olsa gerek, mutluluğu para kazanmak sandı.***

Ancak para insanı mutlu etmeye yetmedi. Yetseydi, batıda her ailenin bir doktoru, bir avukatı ve bir ***psikoloğu*** olmazdı.

İnsanın davranışlarının sebeplerini anlamak için farelerle deneyler yapılmasın demiyorum elbette. Ancak mutlu olabilmek için ağzına peynir yerine cebine para koyarak mutlu olabileceği kanısına varmak, batılıyı mutlu etmedi.

Mutsuzluklarını gizlemek, acılarını unutmak için ilaç kullanan insanların sayısı her geçen gün artıyorsa "modern psikoloji" önce kendini sorgulamak zorunda değil mi? Batı, medeniyetiyle de, geliştirdiği Psikolojiyle de kendi insanlarını mutlu edemiyor.

"Modern psikoloji" denilince akla gelen önemli isimlerden bir tanesi de Pavlov ve meşhur deneyleridir. Pavlov'un köpeklerle yapmış olduğu deneylerle "şartlı refleks" kavramını tüm dünya'ya anlatan ve kabul ettiren batı, "*köpek karakterli*" insanların sayısının artışına engel olamamıştır. Köpeğin salyalarından yola çıkılarak yapılan analizler, insanın köpek kadar değer görmediği batılıyı kurtaramamıştır.

İnsan sevgisini kaybetmiş, çocuk sahibi olmaktansa köpek beslemeyi tercih eden insanların sayısını azaltmak için ne kadar çaba sarf etseler de başarılı olamıyorlar maalesef. Pavlov'un "Modern psikolojiye" katkısı insanlığı mutlu etmiyorsa, Pavlov'u değil "Modern Psikolojiyi" sorgulamak zorundayız.

* * * * * * * *

"Mutluluk nedir" sorusuna, batılı ne cevap verir?

"Bencillik" üzerine kurulu bakış açılarıyla mutluluğu, "*sahip olmak, daha çok sahip olmak*" üzerine bina etmeye çalışsalar da, mutlu olamıyorlar. Bir fare bir dilim peynirle mutlu oluyor, ancak batılı peynir fabrikasına sahip olsa bile mutlu olamıyor.

Doğu insanı için mutluluk "bencillik ve sahip olma" üzerine kurulu değildir. "Misafirperverlik" diye tanımladığımız, ***paylaşma***

duygusunu batılı asla anlamıyor. Mutlu olmanın sırlarından birisinin de "paylaşmak" olduğunu onlara nasıl anlatacaksınız ki?

"*Bana cenneti ve cehennemi anlatır mısınız?*" sorusuna muhatap olan bilge, genç delikanlıyı alıp bir odaya götürür. Oda'nın ortasında uzun bir masa masalarda insanlar karşılıklı oturmuş. Her birinin önünde bir tas çorba ve ellerinde bir metre uzunluğunda kaşıklar. Herkes uzun kaşıklarıyla çorba içmeye çalıştığı için her tarafa çorba dökülmüş. Masanın üstü olduğu gibi insanların üstü başı da berbat olmuş. Bilge gence odayı gösterip, "*Burası cehennem evlat, çünkü insanlar sadece kendilerini doyurmaya çalışıyorlar*" demiş.

Sonra delikanlıyı alıp başka bir odaya götürmüş. Oda da aynı manzara var. Oda'nın ortasında uzun bir masa masalarda insanlar karşılıklı oturmuş. Her birinin önünde bir tas çorba ve ellerinde bir metre uzunluğunda kaşıklar. Ancak burada herkes bir metre uzunluğundaki kaşığıyla karşısındaki insanı doyuruyor. Bilge gencin yüzüne bakıp, "*Evlat burası da cennet, çünkü insanlar sorunlarını paylaşıyor ve birbirlerini doyuruyorlar*" demiş.

Hikayenin değişik versiyonlarını okumuşsunuzdur. Ancak verilmek istenen mesaj aynı; *Mutluluk daha çok şeye sahip olmak değil, elindeki imkan ve fırsatları başkalarıyla* ***paylaşmaktır.***

"*Mutlu olmak istiyorsanız başka insanları da mutlu edin!*" cümlesini batılıya nasıl anlatabilirsiniz ki?

Mutluluğu anlamak, anlatmak, tarif etmek gerçekten zordur. Ancak hepimizin zaman zaman yaşadığı fakat farkına varmadığı bir duygu var. Hani bazen bir insana iyilik yaparsınız da, o sizin gözlerinizin içine bakarak size teşekkür eder. "*Lafımı olur, hiç önemli değil!*" diye teşekkürüne karşılık verirken, içimizde saniyelik bile olsa bir duygu yaşarız. ***Bence mutluluk budur!***

Fakir bir çocuğa ayakkabı almaktır mutluluk.

Bir hastayı ziyaret edip "geçmiş olsun!" demektir mutluluk.

Bir yaşlıya yer verip duasını almaktır mutluluk.

Dertli bir arkadaşınızı sıkıntılı zamanında yalnız bırakmamaktır mutluluk.

****** *

Sorgulamak zorunda olduğumuz o kadar çok şey var ki. Biz sorgulamasak bile batılı kendini ciddi anlamda sorguluyor. Teknolojinin ve bilimin zirvesinde olmalarına rağmen mutlu olamıyorlar. Nerede, nasıl bir yanlış yaptıklarının da maalesef farkında değiller.

Sir William Osler Oxford Tıp Fakültesi öğrencilerine mezun olduklarında yaptığı konuşmada diyor ki: "Beyler, size şunu söylemek isterim ki öğrendiğiniz şeylerin yarısı yanlış ve o yarının hangisi olduğunu bilmiyoruz."

Kafalarının ne kadar karışık olduğunu anlıyor musunuz?

Anlayacağınız "Modern psikoloji" batıyı mutlu edemedi.

Bizi nasıl mutlu edecek ki?

Bizi, bizim tarihimizden, bizim kültürümüzden, bizim değerlerimizden başka hiçbir şeyin kurtaramayacağını bir anlayabilsek, mutluluğun batıda değil doğuda, uzakta değil içimizde olduğunu da anlamış oluruz.

Mutlu olmak istiyorsanız batıya gitmenize gerek yok.

Kendinize gelin!

"Bizim medeniyetimiz, hayatın manası nedir, so-rusuna bilmiyorum diyen tek medeniyettir"

(A. Malraux)

DERT AĞACI

Eski çiftlik evini restore etmek için tuttuğum marangoz, işteki ilk gününü zorlukla tamamlamıştı. Arabasının patlayan lastiği onun işe bir saat geç gelmesine neden olmuş, elektrikli testeresi iflas etmiş ve şimdi de eski püskü pikabı çalışmayı reddetmişti. Onu evine götürürken yanımda adeta bir taş gibi oturuyordu. Evine ulaştığımızda beni, ailesiyle tanışmam için davet etti. Eve doğru yürürken küçük bir ağacın önünde kısa bir süre durdu, dalların uçlarına her iki eliyle dokundu. Kapı açıldığında; adam şaşırtıcı bir şekilde değişti. Yanık yüzü tebessümle kaplandı, iki küçük çocuğunu kucakladı ve eşine kocaman bir öpücük verdi.

Daha sonra beni arabaya yolcu etmeye geldiğinde; ağacın yanından geçerken merakım daha da arttı ve ona eve giderken gördüğüm olayı sordum. "O, benim dert ağacım," dedi. "Elimde olmadan işimde bazı sorunlar çıkıyor, ama şundan eminim ki o sorunlar evime, eşime ve çocuklarıma ait değil. Bunun için bu sorunları her akşam eve girerken o ağaca asıyorum.

Sabahları tekrar onları oradan alıyorum. Ama komik olan ne biliyor musunuz? Ertesi sabah onları almaya gittiğimde, astığım kadar çok olmadıklarını görüyorum."

Küresel Ahlak Deklerasyonu

New York Üniversitesi öğretim üyelerinden Adli Tabip Psikiyatr Dr. Micheal Welner, insanlık tarihinde ilk defa bir ölçek geliştirdi. Ölçeği geliştirme sebebi **kana susamış, başkalarını hor gören, acımasız ve kolayca suç işleyen insanların çoğalmasıydı.** Demokrasi içerisinde barış ahlakının gelişmesi gerekiyordu. Nitekim 1993 yılında Chicago'da Dünya Dinler Parlamentosu, **"Küresel Ahlak Deklarasyonu**"nu yayınlamıştı.

Deklarasyonda günümüzdeki küresel ekonomi, küresel siyaset ve küresel çevrenin krizde olduğu, böyle giderse dünyanın yaşanmaz bir yer olacağı söyleniyordu. Küresel ahlak olmadan küresel düzenin olamayacağı, insanlığın barış içerisinde bir arada yaşayacağı düzene ihtiyaç duyulduğu vurgulanıyordu.

- Kimse kendisine yapılmasını istemediği şeyi başkasına yapmamalıydı.
- Irka dayalı, cinsel, sınıfsal ya da bireysel türde sayılabilecek egoizmin her türü reddedilmeliydi.
- Hayata saygılı, şiddet içermeyen bir barış kültürüne ihtiyaç vardı.
- Sadece insan değil, yeryüzündeki her şey saygıya değerdi.
- Adil ekonomik düzen olmadan, küresel barış olamayacaktı.
- Ekonomik ve siyasal gücün yönü, vahşi üstünlük kavgaları olmamalıydı.
- Açgözlülük kavgaya, alçakgönüllülük ise barışa götürürdü.
- Her meslek kendi etik kurallarını geliştirmeliydi.
- İnsan bilinci gelişmeden dünya asla iyiye götürülemezdi.

Sir William Osler, Oxford Tıp Fakültesi öğrencilerine yaptığı mezuniyet konuşmasında diyor ki;

"Beyler, size şunu söylemek isterim ki, öğrendiğimiz şeylerin yarısı yanlış ve o yarının hangisi olduğunu bilmiyoruz."

İlacınız Problem Olabilir

İlacınız Problem Olabilir kitabıyla ses getiren Psikiyatrist Peter Breggin, psikiyatrinin insanlığa verdiği zararların durdurulması yolunda gösterdiği çabalarla tanınıyor. Kitapta psikiyatrik ilaçların insanlara verdiği ölümcül zararlar, çeşitli örneklerle sunulmuş. Kitaptan bazı önemli satır-başlarını tespit eden Mücahit GÜLTEKİN, Psikolojik Tehlike kitabına alıntılar yapmış.

- Psikiyatrik ilaçların kullanımı için çok az bilimsel destek vardır. Bu ilaçlar hakkında tanıtım ve reklamlarla efsane ve sloganlar sık sık doktorlara iletilir, doktorlar tarafından da aynı sloganlar hastalarına ulaştırılır.

- Araştırmalarda istatistiki olarak manipüle edilmiş klinik deneyler ve datalardaki sınırlı pozitif sonuçlarda bile ilaçlar şeker suyundan veya plasebodan daha etkili değildir.

- Nöroleptik ilaç alanlar beyinlerinde oluşan hasardan dolayı *tardif diskinezi* olarak bilinen bir hareket bozukluğu yaşamaktadırlar. Tedavinin ilk beş yılı içinde bu ilaçları kullananların %25 ya da %35'i bu bozukluğa maruz kalacaktır.

- Nöroleptik veya antipsikotik ilaç alanların %2,4'ünde nöroleptik malign sendromu olarak bilinen fatal bozukluk ortaya çıkmaktadır. Amerika'da her yıl bu sorundan dolayı 1000-4000 ölüm vuku bulmaktadır. Gerçek sayının ise bundan daha büyük olması muhtemeledir.

Dr. Breggin'in diğer bir önemli kitabı "Antidepresan Gerçeği" ise özellikle depresyonun beyin kökenli bir problem olduğu yolundaki iddiaların sahte, tahrif edilmiş ve uydurulmuş olduğunu vurguluyor. Antidepresanların insan bünyesine verdiği ciddi zararların kanıtlarla anlatıldığı kitapta şu ifadelere yer veriliyor.

"Depresif duygulara veya yoğun depresif duygulara bir bozukluk olarak bakmak yanlıştır. Üzüntü, keder ya da melankoliye bir bozukluk olarak bakmak için hiçbir kanıt yoktur.

Gerçekte bilim, sinir hücreleri arasındaki minicik bir yerde herhangi bir biyokimyasal düzeyi ölçme imkanına sahip değildir. Biyokimyasal dengesizlikler hakkında bütün söylenenler ilaç şirketlerine kar sağlamayı amaçlayan salt spekülasyonlardır.

(1999 yılında Lily şirketinin 10 milyar dolarlık gelirinin %25'inden daha fazlasını Prozac ilacının getirdiğini biliyoruz.) Temel olarak beyinde ne olup bittiğini bilmiyoruz.

Mutsuzluğunu para veya ilaçla gidermeye çalışanlar hapı yutarlar!

Hap kullanarak tedavi olmaya çalışan insanlar denilince aklınıza hemen iş hayatının stresinden kurtulmak için sakinleştirici ilaç kullanan yetişkinler gelmesin.

"Hap kuşağı" başlığı altında Can Dündar yazmıştı…

Seçkin özel okullardan birinde öğretmen sınıfa girip avucuna doldurduğu hapları tek tek öğrencilerine içiriyor, ders ondan sonra başlıyor.

Hayır "hapçılar" için özel bir sınıf değil bu…

Çocukların çoğu aynı hapı kullanıyor ve almaları gereken saatte öğretmenleri onlara yardımcı oluyor.

*Hapın özelliği, **yatıştırıcı** olması…*

Televizyon veya bilgisayarın başında kıpırdamadan saatlerce oturan çocuklar, okulda ders dinleyemiyor. Yerinde duramıyor, adeta enerji fışkırıyor…

Psikiyatrist hemen teşhisi koyuyor: ***Hiperaktif...***

Hemen ilaç kullanmaya başlıyor çocuk.

Haplarla tedavi olmaya çalışıyor.

Hiperaktif olduğu için "hap" kullanmaya başlayan çocuk ergenlik döneminde hayattan sıkılmaya başlayınca ***"sakinleştirici"*** hap kullanmaya başlıyor.

Mutluluğu ilaçlarda arayan "hapçı" çocuklar medeni (!) dünyanın insanlığı ne kadar mutlu ettiğinin en önemli göstergelerinden birisi.

İlaçların çocukları ne kadar uyuşturduğunun farkına varamıyoruz maalesef. Ailelerin düşünmesi gereken çok daha önemli bir soru da, "çocuk niçin ilaca muhtaç olacak hale geldi?" sorusudur.

Kendisini dünyaya getiren en önemli iki varlık olan anne babası, çocukları mutlu edemiyor ve bu çocuklar mutlu olmak için ilaca muhtaç hale geliyorsa, biz yaşadığımız dünyayı mı, çocukları mı yoksa anne babaları mı sorgulamak zorundayız?

Anne babasıyla mutlu olamayan bir çocuk ne ile ve nasıl mutlu olacak?

* * * * * * * *

Para insanı mutlu eder mi?

Bu sorunun cevabını vermek için, ***"para"*** sahiplerinin mutluluk oranlarına da bakabilirsiniz.

Mutsuzluğunu unutmak (hatırlamamak) için mutluluk hapı kullanan insanlar, parasız insanlar değil. Psikologlara her ay çuvalla para vererek mutlu olmaya çalışan insanlar parayla mutlu olamayan insanlardır. Hayatı çekilmez bulduğu için ***intihar*** eden insanların sayısı içinde, para sahiplerinin oranı küçümsenmeyecek kadar çoktur.

İnsan ve para ilişkisi denilince, aklıma hemen Mevlana'nın o ***muhteşem*** benzetmesi gelir. Bir önceki yazımı ***"kendinize gelin!"*** diye bitirmemin sebeplerinden birisi de, bizi biz yapan değerler ve kaynaklarda ***"şifa"*** aramamız gerektiğini vurgulamak içindi.

Mevlana ***"para ve insan"*** ilişkisini anlatırken ***"gemi ve su"*** benzetmesini kullanır. Bir geminin işlevini yerine getirmesi için "su" ne kadar önemliyse, bir insan için de para o kadar önemlidir. Su olmazsa gemi asli görevini yerine getiremez. İnsan içinde para o kadar önemlidir.

Ancak gemiyi yüzdüren su, ne zaman *geminin **içine** girerse* o gemiyi batırır. Para ihtiyaçlarımızı gidermek için önemli bir araçtır. ***Ancak para sevgisi insanın cebiyle sınırlı kalmaz, kalbine girerse, o para insanı batırır.***

Para insanı cebinde mutlu eder.

Kalbine girdiği anda insanı batırır.

Bir arkadaşım anlatmıştı.

30 yıl Almanya'da çalışıp para biriktiren bir gurbetçi, tüm parasını bankaya yatırmış. Faizleriyle beraber zamanla bir milyon Mark civarında parası birikmiş bankada. Emekli olunca çocuklarıyla sıkıntılar yaşamaya başlamış. "Çocuklarım beni öldürüp bankadaki parama el koyacaklar!" diye korkmaya başlamış. Bu korkusu yüzünden uyuyamaz olmuş. Çocuklarıyla yaşadığı kavgalar artmaya başlayınca iyice bunalıma girmiş. Tabi sonunda delirmiş!

Para, sizin ve sevdiklerinizin ihtiyaçlarını karşılamak için cebinize koyduğunuz bir ***araç*** olursa mutlu olmanıza vesile olur.

Ancak para sevgisi kalbinize girerse, ***titanik*** kadar büyük bile olsanız batarsınız.

****

Ne para insanı mutlu eder, ne de "hap" mutsuzluğumuza çare olur. Mevlana'nın bu benzetmesini batılı bir psikoloğa anlatsanız size ne der acaba?

Kesin Mevlana'ya da bir ***"hap"*** yazarlar!

Allah hepimizi batının "hap"larından korusun!

Şifayı kendi değerlerinde arayanlardan eylesin.

Psikoloji, insanı inceleyen bir bilim olarak kendisini savunmasına rağmen, fizik ve kimya gibi şuursuz varlıkları araştıran fen ve doğa bilimlerinin metodolojisini kullanmaktadır.

Psikolojik Tehlike
Mücahit GÜLTEKİN
(Nesil Yay.)

Psikolojisi bozulan psikiyatrist, Mevlana'ya sığınıyor...

Kitap okurken kendime "işte bu yıl okuduğum en güzel kitap!" derim ve o kitabı da birçok arkadaşıma tavsiye ederim. 2009 yılında Kaknüs yayınlarından çıkan, Mustafa Merter'in kaleme aldığı ***9 yüz katlı insan*** kitabını bitirince "İşte bu!'" dedim. Herkese tavsiye ettim o kitabı. Stres üzerine bir kitap çalışması yaparken ***9 yüz katlı insan*** kitabını okumuş olmak da benim için çok güzel bir tevafuk oldu. Bu kitabı okumadan önce stres konulu kitabımı yayınlamış olsaydım çok pişman olurdu.

Kitap insanın ruh katmanlarını işliyor. Kitabı, türünün en güzellerinden birisi yapan ise, yazarın yaşam serüvenidir. Lozan Tıp fakültesinde tıp tahsilini yapan Mustafa Merter, İsviçre'de psikiyatri eğitimi alıyor.

"*Kendi kendini yok etme sürecine girmiş insanlığın kurtulması için zamana karşı bir yarış içindeyiz*" diyen Mustafa Merter yaşadığı süreci şöyle anlatıyor;

"Senelerin psikiyatristi olmama rağmen, sık sık depresyona girip çıktım. Maneviyattan medet umdum. Uzun süre uzak doğu bilgelerini araştırdım, anlatılanları yaşamaya çabaladım.

....

Çok daraldığım zamanlarda inzivaya çekildim. Sessizliğe geri çekilmek, zihin şehrimin uğultusundan uzaklaşmak, kasırganın merkezinden dünyayı izlemek, geçici de olsa ruhuma teselli verdi."

Psikolojinin dine alternatif bir kurum olarak insanlığa pazarlanmaya çalışmasından duyduğu rahatsızlığı anlatıyor yazar kitabında.

"Allah'la irtibatını koparmış Batılı insan, alacakaranlık bir dünyada el yordamıyla ilahi hikmeti arıyor" diyerek eğitimini aldığı batılı psikolojinin batılıyı da insanlığı da mutlu edemeyeceğini vurguluyor.

Ne batıda ne de Uzakdoğu yogasında huzur bulamayan yazar, Mevlana'nın Mesnevisinden örneklerle süslüyor kitabını. Batılı psikologların en çok okudukları kitaplardan birisinin Mesnevi olduğunu da vurguluyor kitabında. En büyük ilham kaynağının filozofları tek kanatlı kuşa benzeten Mevlana olduğunu belirtiyor.

Ruhun bodrum katlarında içki içerek, diskoteklerde eğlenerek, eroin-kokain kullanarak çektikleri ruhsal acıları dindirmeye çalışan batılıların içler acısı hallerine kendine has örnekler veriyor.

Diplomalı (üniversite mezunu) fahişelerin, eşcinsellikten beter cinsel sapkınlıklara bulaşanların, hastasından nefret eden psikologların, para harcayarak rahatlamaya çalışan Avrupalının uçurumdan aşağı yuvarlanmakta olduklarını anlatıyor.

Dinin direği namazı tarif ederken "Hayatta yaşanabilecek en büyük festival namazdır" diyor. Günde beş defa festival yaşayan bir insanın mutsuz olamayacağını anlatıyor. İnsanı rahatlamak için kullanılabilecek en güzel Anestesi ilacının da namaz olduğunu anlatıyor.

"Belki de Doğu'dan gelen güneş ışınları, insanlık ağacının Batı yakasındaki donmuş dallara tekrardan can verir de gelecek ilkbaharda çiçekler açar" temennisinde bulunan yazar, batılıların etkisinden kurtulan Doğu'nun, kendi değerlerine sarılarak insanlığı felaketlerden kurtarabileceğini söylüyor.

Tevekkül İlacı

İnsanların "ruhum sıkılıyor" sözüyle ifade ettikleri durum, ruha bedenin birleştiği alanlardaki biyokimyasal ve spritüel bozulmadır. Bu bozulmayı keşfeden kimse, sorunu tevekkül ve teslimiyetle çözmeye uğraşacaktır. Çabalarına rağmen sorun çözülmediği taktirde, "Bu meseleyi istediğim şekilde çözemesem de beni duyan, bilen ve bana yardım edecek bir güç var ki o bu sıkıntılarımı çözer" diyerek, zihnindeki yükü Yaratan'a teslim ettiğinde sıkıntısı giderilmiş olacaktır.

Tevekkülün dinlerde bu kadar çok vurgulanmasının sebebi; **bir kaygı giderme metodu olmasıdır.** Tevekkül vasıtasıyla rahatlayan kişi, zihnine kodlanan programın devrelerini çalıştırarak, hayat yüküne karşı daha dayanıklı olabilir.

Prof. Dr. Nevzat TARHAN

İnanç Psikolojisi (Timaş Yay)

Eğlence insanı mutlu ve başarılı yapacak olsaydı, dünyadaki bütün Çingeneler filozof olurdu.

Kelebek Olmak, Uçmak İster misiniz?

Çocuğun birisi sekropia denilen bir tür güve kozalarını topluyor ve bahar gelince, güvelerin kozalardan nasıl çıktıklarını hayret ve ilgi ile seyrediyordu. Fakat güvelerin kozadan çıkarken sarf ettikleri gayret, çırpınma karşısında da içinde bir acıma hissi gelişiyordu. Babası bir gün, bu böceklerin bir tanesinin kozadan çıkmasını güçleştiren ipeği makasla kesti. Fakat sonuç şaşırtıcıydı; çok geçmeden Kelebek öldü...

Baba, bu hadise üzerine oğluna şu hayat dersini verdi;

"Oğlum, bu böcek kozasından dışarı çıkarken sarf ettiği gayret neticesinde, vücudundaki zehri dışarı verir. Eğer o zehir dışarı verilmezse böcek ölür. Aynı zamanda, bu çırpınışlar sayesinde ilerde kendisi için çok gerekli olan kaslar güçlenir.

İnsanlar da, daha güçlü, daha dayanıklı ve daha iradeli olmak ve böylece istediklerini yapabilmek için önlerine çıkan zorluklarla mücadele ederek olgunlaşır, gelişir ve güçlenir. Eğer insanlar, arzularına kolayca ulaşırlarsa, karakterleri zayıflar, adeta, içlerinde bir şeyin ölmüş olduğunu fark ederler."

KELEBEK OLMAK KOLAY DEĞİL...

İster inanın ister inanmayın!

Rosenhahn'ın Amrika'da akıl ve ruh sağlığı hastalıklarının tedavi edildiği hastanelerde yaptığı çalışmalar ve deneyler psikiyatri camiasında ciddi tartışma ve eleştirilere yol açmıştır. Rosenhahn, tamamen akıl sağlığı yerinde olan bir grup kişiyi 12 farklı akıl hastanesine yerleştirmiş ve bu kişilerden hasta gibi davranmaları istenmiştir. Bu kişiler çeşitli sesler ve halüsinasyonlar gördüklerini ifade etmişlerdir.

Sonuçlar oldukça ilgi çekicidir. Bu kişilere, yatırıldıkları hastanelerde çeşitli psikiyatrik hastalık tanıları konulmuş. 1 kişide manikdepresif, diğer kişilerin tamamında ise şizofreni görülmüştür. Dolayısıyla bu kişilere hasta muamelesi yapılmıştır. Bu kişiler hastanelere yatırıldıktan sonra tamamen normal insan gibi davranmalarına rağmen 7 ile 52 gün hastanede tutulmuşlardır. Ayrıca bunlara toplam 2100 tablet ilaç verilmiştir.

Psikoloji, "Ruh bilimi" anlamına geldiği halde, psikolojik hastalıkları tedavi etmek için satılan ilaçlar, neden hep beyne müdahale eden ilaçlardır?

Göz hastalığını iyileştirmek için mide ilacı kullanılır mı?

Modern Psikoloji literatüründe Doğuda'ki anlamıyla **kalp** kavramına rastlamamız mümkün değildir. Kalp; ancak modern tıpta kardiyoloğların literatürüne ait bir kavramdır.

Fakat doğulu kutsal metinler, kalp kavramına ayrı bir önem vermişlerdir. **İslam ise kalbi insanın başkenti olarak görmüştür**. Modern psikolojinin tersine beyne neredeyse hiç değinilmemiştir.

Kur'an temel insani özellikleri açıklarken hep kalbe vurgu yapmıştır: kalple düşünmek, kalple anlamak, kalbin mühürlenmesi, kalbin huzur bulması gibi.

Psikolojik Tehlike

Mücahit GÜLTEKİN

(Nesil Yay.)

Kaza ve belalardan korunmanın yollarını eczanelerde bulamazsınız

Modern dünyanın insanı mutlu edemediğini, mutsuzluğunu ***unutturmak*** için sürekli yeni ilaçlarla insanlığı ***uyuttuğunu*** anlatmaya çalıştım birkaç yazımda.

Tebessüm etmenin bile sevap olduğu bir dine mensup değil miyiz? Buna rağmen gülmek bir yana, acılarımızı ***hatırlamamak*** için sürekli ilaç kullanan insanlara ne demeli? Kendimizden uzaklaştıkça kendimizi kaybediyoruz. Batının ürettiği çözümler (ilaç tedavileri) kendilerini bile kurtaramadı.

Daha açık konuşmak gerekirse "dindar" insanların bile, en ufak sıkıntılarını atlatmak için sakinleştirici hapları kullandığını biliyorum. Babamın, çok öfkelendiği zaman, ***ilaç almaya gider gibi abdest almaya gittiğini*** ve kendisini o şekilde rahatlattığını iyi hatırlıyorum.

Kendi değerlerimize dönmeden kendimize gelemeyeceğimizi anlatmak için bugün hangi örnek üzerine durmam gerektiğini düşünürken arşivime bir göz attım. Üniversite yıllarımda rahmetli Onkolog Dr. Haluk Nurbâki'den arşivime aldığım bir hatırayı sizlerle paylaşmaya karar verdim.

* * * * * * * * * *

Onkolog Dr. Haluk Nurbâki anlatıyor;

Onun hikayesini 40 yıl önce işitmiştim. 30 yıl önce de kendisiyle tanışıp başından geçenleri bizzat ağzından dinleme fırsatını buldum.

Yusuf, Diyarbakır'da zengin bir ailenin çocuğu olarak dünyaya gelmişti. Babası, o mahallenin beyi olarak bilinir, herkesin yardımına koşmak için elinden geleni yapardı. Yusuf'un anlattığına göre kendisi henüz beş yaşındayken evlerinin civarına bir derviş gelmiş ve bir duvar dibine mekan tutmuştu.

Yusuf'un babası; "Ona bakmak bizlere düşer" diyordu. "Ama incinmemesi için, ihtiyaç duyduğu şeyleri sakın hizmetkarlarla göndermeyin." demişti.

Derviş Babaya yemek götürmek, artık Yusuf'un işiydi. Küçük çocuk, önceleri tereddüt ettiği bu işten daha sonraları büyük bir lezzet almaya başlamış ve yaşlı adamla derin bir gönül bağı kurmuştu. Onunla yaptığı sohbetler, çocuk yaştaki Yusuf'un kalbinde bahar çiçekleri açtırıyordu.

Derviş Baba bir gün: "Yusuf" dedi, "sana bir deve yapayım, ister misin?"

Bir çocuğun böyle bir teklife "hayır" demesi mümkün değildi. Yaşlı adam, bunu bildiği için isteklerini şöyle sıraladı: "Evden sana verilen fındık, üzüm ve leblebi gibi çerezlerden küçük bir kısmını bana getireceksin. Ve bunu da kimseye söylemeyeceksin. Fakat bana getireceğin şeyler, sadece sana verilenlerden olmalı. Sağdan soldan bulup aldıklarınla deve yapılmaz.

Yusuf, bu işin gizli olmasından daha da hoşlanmıştı. Her getirdiği çerezden sonra: "Devem yapılıyor mu?" diye soruyor ve derviş Baba'dan: "Elbette, getirdiğin her bir çerez, devenin bir başka yanını oluşturuyor" cevabını alıyordu.

Günler birbirini kovaladı ve Yusuf'un sabrı tükenmek üzereyken, beklediği müjde geldi: "Deve tamamlandı Yusuf, sadece gözleri kaldı. Eğer iki badem getirirsen, bu iş biter." Yusuf, sabaha kadar sevinçten uyuyamadı ve bir kenara depoladığı leblebileri bademlerle değiş-tokuş ederek Derviş Baba'ya koştu. Ancak yaşlı adam, derme çatma kulübesinde o akşam vefat etmişti. Cenaze işlerini yine Yusuf'un babası üstlenmiş. Onu, küçük çocuğun gözyaşları arasında yakın bir mezarlığa defnetmişler.

Aradan 12 yıl geçmiş ve Yusuf bir delikanlı olmuş. Ne yazık ki şizofreni adı verilen hastalığa da bu yaşlarda yakalanmış. Yıl, 1910-15 civarı olduğundan, hastalık çok kısa sürede öldürücü bir hale dönüşüyormuş. Yusuf'un babası zengin olduğu için, yavrusunu ilk önce İstanbul'a, daha sonra da Paris'e götürmüş. Ama verilen cevap, her yerde aynı olmuş: "Bu hastalığın tedavisi henüz mümkün değil. Maddi imkanlarınız iyi olduğuna göre, Yusufu İstanbul'daki akıl hastanesine yatırabilir ve ona bir bakıcı tutabilirsiniz."

Yusuf'un babası denilenleri aynen yapmış ve bir bakıcıya iki altın maaş bağlayıp oğlunu sık sık ziyarete gitmiş. Ancak altı ay sonra Yusuf iyice ağırlaşmış ve kendisi diğer hastalardan tecrit edilip ölüme terk edilirken, babasına da "Oğlunuzun kurtulma ümidi kalmadı" diye telgraf çekilmiş.

Yusuf bundan sonrasını şöyle anlatıyor: "Kırk derecenin üzerinde bir ateşle kıvranırken, kendimi korkunç bir çölde görüyordum. Güneş her zerremi ayrı ayrı kavuruyor ve yangın yerini andıran kızgın kumların üzerinde sürünürken, bir damla suyun hasretiyle kıvranıyordum. Öleceğimi anlayıp son bir defa daha ufuklara baktığımda, gördüklerime inanamadım. Çocukluğumun Derviş Babası, yularını tuttuğu bir deve ile birlikte bana doğru geliyordu. İyice yaklaştığında: "Yusuf'um, evladım," dedi. "Deven hazır binebilirsin." Yattığım yerden güçlükle doğrulup onun yardımıyla deveme bindiğimde, susuzluğum ve hastalığım bir anda geçmişti.

O anda gözümü açmış ve: "Ben neredeyim?" diye sormuşum. Etrafımdaki bakıcı ve doktorlar, iyileştiğime asla inanmıyordu. Çünkü şizofreni ile birlikte zatüreden de kurtulmuş, dünyaya sanki yeniden gelmiştim.

Yusuf, başından geçen bu hadiseyi anlatırken bir çocuk gibi ağlıyor ve: "Derviş Baba, kalp gözüyle başıma gelecekleri hissetmiş ve bunun için de ***"sadaka ömrü uzatır"*** *hadisinden medet istemiş olmalı diyordu. Bu yüzden sadece bana ait çerezleri isteyerek bana sadaka ibadeti yaptırdı. Ve ömrümün ziyadeleşmesine vesile oldu.*

Yusuf 80 yaşından sonra hakkın rahmetine kavuşmuştur.

* * * * * * * *

Birkaç ay önce atlattığım bir trafik kazasından niçin yara almadan kurtulduğumu iyi biliyorum. Rahmetli Haluk Nurbaki hocanın bu hatırasına benzer birçok birikimini kitaplarından okumuştum.

Sadaka vermenin ömrü uzattığına, dua almanın başımıza gelecek belalardan bizi koruduğuna inanmamız için, illa batılı bilim adamlarının araştırma sonuçları mı yayınlaması gerekiyor?

Mutlu olmak mı istiyorsunuz? Başkalarını mutlu edin. Dua almak mı istiyorsunuz? İyilik yapın.

Bunlara inanmıyorsanız ***hap*** içmeye devam edin. Hapı yutunca kimseyi suçlamaya hakkınız olmaz.

Kaza ve belalardan korunmanın yollarını eczanelerde bulamazsınız!

İslam dininin en temel kaynağı olan Kur'an'da beyin kelimesinin tek bir kez bile geçmiyor oluşu, üzerinde düşünülmesi gereken bir noktadır.

Kur'an düşünme, tefekkür, tedebbür, tezekkür, akletme gibi bilişsel kavramların hepsinin mekanı olarak kalp kavramını öne sürmektedir.

Psikolojik Tehlike
Mücahit GÜLTEKİN
(Nesil Yay.)

İnsan "kim" olduğunu kendisine sormadan, gece olunca nasıl uyur acaba?

Acele Karar Vermeyin...

Çin düşünürü Lao Tzu'nun öyküsü...

Köyün birinde bir yaşlı adam varmış. Çok fakirmiş ama Kral bile onu kıskanırmış... Öyle dillere destan bir beyaz atı varmış ki, Kral bu at için ihtiyara nerdeyse hazinesinin tamamını teklif etmiş ama adam satmaya yanaşmamış.

"Bu at, bir at değil benim için; bir dost, insan dostunu satar mı" dermiş hep. Bir sabah kalkmışlar ki, at yok. Köylü ihtiyarın başına toplanmış: "Seni ihtiyar bunak, bu atı sana bırakmayacakları, çalacakları belliydi. Krala satsaydın, ömrünün sonuna kadar beyler gibi yaşardın. Şimdi ne paran var, ne de atın" demişler...

İhtiyar: "Karar vermek için acele etmeyin" demiş. "Sadece at kayıp" deyin, "Çünkü gerçek bu. Ondan ötesi sizin yorumunuz ve verdiğiniz karar. Atımın kaybolması, bir talihsizlik mi, yoksa bir şans mı? Bunu henüz bilmiyoruz. Çünkü bu olay henüz bir başlangıç. Arkasının nasıl geleceğini kimse bilemez."

Köylüler ihtiyar bunağa kahkahalarla gülmüşler. Aradan 15 gün geçmeden at, bir gece ansızın dönmüş... Meğer çalınmamış, dağlara gitmiş kendi kendine. Dönerken de, vadideki 12 vahşi atı peşine takıp getirmiş. Bunu gören köylüler toplanıp ihtiyardan özür dilemişler.

"Babalık" demişler, "Sen haklı çıktın. Atının kaybolması bir talihsizlik değil adeta bir devlet kuşu oldu senin için, şimdi bir at sürün var..."

"Karar vermek için gene acele ediyorsunuz" demiş ihtiyar. "Sadece atın geri döndüğünü söyleyin. Bilinen gerçek sadece bu. Ondan ötesinin ne getireceğini henüz bilmiyoruz. Bu daha başlangıç.

Birinci cümlenin birinci kelimesini okur okumaz kitap hakkında nasıl fikir yürütebilirsiniz?"

Köylüler bu defa açıkça ihtiyarla dalga geçmemişler, ama içlerinden "Bu herif sahiden geri zekalı" diye geçirmişler... Bir hafta geçmeden, vahşi atları terbiye etmeye çalışan ihtiyarın tek oğlu attan düşmüş ve ayağını kırmış. Evin geçimini temin eden oğul şimdi uzun zaman yatakta kalacakmış. Köylüler gene gelmişler ihtiyara. "Bir kez daha haklı çıktın" demişler.

"Bu atlar yüzünden tek oğlun, bacağını uzun süre kullanamayacak. Oysa sana bakacak başkası da yok. Şimdi eskisinden daha fakir, daha zavallı olacaksın" demişler. İhtiyar "Siz erken karar verme hastalığına tutulmuşsunuz" diye cevap vermiş.

"O kadar acele etmeyin. Oğlum bacağını kırdı. Gerçek bu. Ötesi sizin verdiğiniz karar. Ama acaba ne kadar doğru. Hayat böyle küçük parçalar halinde gelir ve ondan sonra neler olacağı size asla bildirilmez."

Birkaç hafta sonra, düşmanlar kat kat büyük bir ordu ile ülkeye saldırmış. Kral son bir ümitle eli silah tutan bütün gençleri askere çağırmış. Köye gelen görevliler, ihtiyarın kırık bacaklı oğlu dışında bütün gençleri askere almışlar. Köyü matem sarmış. Çünkü savaşın kazanılmasına imkân yokmuş, giden gençlerin sonunda ya öleceğini ya da esir düşeceğini herkes biliyormuş.

Köylüler, gene ihtiyara gelmişler... "Gene haklı olduğun ortaya çıktı" demişler. "Oğlunun bacağı kırık, ama hiç değilse yanında. Oysa bizimkiler, belki asla köye dönemeyecekler. Oğlunun bacağının kırılması, talihsizlik değil, şansmış meğer..."

"Siz erken karar vermeye devam edin" demiş, ihtiyar. "Oysa ne olacağını kimseler bilemez. Bilinen bir tek gerçek var. Benim oğlum yanımda, sizinkiler askerde... Ama bunların hangisinin talih, hangisinin şnssızlık olduğunu sadece Allah biliyor."

Lao Tzu, öyküsünü şu nasihatla tamamlamış:

"Acele karar vermeyin. Hayatın küçük bir dilimine bakıp tamamı hakkında karar vermekten kaçının. Karar; aklın durması halidir.

Karar verdiniz mi, akıl düşünmeyi, dolayısı ile gelişmeyi durdurur.

Buna rağmen akıl, insanı daima karara zorlar. Çünkü gelişme halinde olmak tehlikelidir ve insanı huzursuz yapar. Oysa gezi asla sona ermez. Bir yol biterken yenisi başlar. Bir kapı kapanırken, başkası açılır. Bir hedefe ulaşırsınız ve daha yüksek bir hedefin hemen oracıkta olduğunu görürsünüz."

Bir ilaç, beyin üzerinde etkili oluyorsa o ilaç, beyne zarar veriyordur.

Psikiyatrist Peter Breggin

Verdiğin acılar için sana şükürler olsun Allah'ım!

"Gün gelecek Allah'a bana yaşattığı bu sıkıntılar için şükredeceğimi biliyorum" demişti bir arkadaşım. Belki de hayatının en zor günlerini yaşıyordu. Zorlukların insana ne kadar büyük dersler verdiğini uzun uzun konuşmuştuk. ***Bir acının öğrettiğini bin kahkahanın öğretemeyeceği*** üzerine birçok örnekler vermiştik o konuşmamızda.

Aradan iki yıla yakın bir zaman geçince arkadaşımın haklı çıktığını gördük. O günlerin acı görünen olaylarının, kendisine ne kadar büyük kapılar açtığını gördükçe "verdiğin acılar için sana şükürler olsun Allah'ım!" demeye başladı.

Gündüzleri fırsat buldukça bir araya geldiğimiz arkadaşıma o günlerde aşağıdaki hikayeyi yollamıştım.

"Strese girenin imanından şüphe ederim!" başlıklı yazımı anlamayan ve/veya yanlış anlayan arkadaşlar umarım bu sefer beni doğru anlarlar.

* * * * * * *

Yaşlı kadın, bir antika dükkanından aldığı yüz yıllık fincanı özenle salon vitrinine yerleştirdi. Fincanın biçimi, üzerindeki işlemeler, renkler onun bir sanat eseri olduğunu söylüyordu. Ödediği fiyatı hatırladı; hayır, hiç de pahalıya almamıştı.

Hayranlıkla fincanı seyretmeye devam etti. Derken, birden fincan dile geldi ve kadına şöyle dedi;

"Bana hayranlıkla baktığının farkındayım. Ama bilmelisin ki, ben hep böyle değildim. Yaşadığım sıkıntılar beni bu hale getirdi."

Kadın şimdi hayret içindeydi. Önündeki kahve fincanı konuşuyordu!

Kekeleyerek: "Nasıl? Anlayamadım?" diyebildi yaşlı kadın.

"Demek istiyorum ki, ben bir zamanlar çamurdan ibarettim ve bir sanatkâr geldi. Beni eline aldı, ezdi, dövdü, yoğurdu. Çektiğim sıkıntılara dayanamayıp:

'Yeter! Lütfen dur artık!' diye bağırmak zorunda kaldım.

Ama usta sadece gülümsedi ve; 'Daha değil!' diye cevapladı beni.

Sonra beni alıp bir tahtanın üzerine koydu. Burada döndüm, döndüm, döndüm. Döndükçe başım da döndü. Sonunda yine haykırdım:

'Lütfen beni bu şeyin üzerinden kurtar. Artık dönmek istemiyorum!'

Ama usta bana bakıp gülümsüyordu:

'Henüz değil!'

Derken beni aldı ve fırına koydu. Kapıyı kapayıp ısıyı arttırdı. Onu şimdi fırının penceresinden görebiliyordum. Fırın git gide ısınıyordu. Aklımdan şöyle geçiyordu: 'Beni yakarak öldürecek.'

Fırının duvarlarına vurmaya başladım. Bir taraftan da bağırıyordum:

'Usta usta! Lütfen izin ver buradan çıkayım!'

Pencereden onun yüzünü görebiliyordum. Hala gülümsüyor ve 'Daha değil!' diyordu.

Bir saat kadar sonra, fırını açtı ve beni çıkardı. Şimdi rahat nefes alabiliyordum, fırının yakıcı sıcaklığından kurtulmuştum. Beni masanın üstüne koydu ve biraz boyayla bir fırça getirdi.

Boyalı fırçayla bana hafif hafif dokunmaya başladı. Fırça her tarafımda geziniyor ve bu arada ben gıdıklanıyordum.

'Lütfen usta! Yapma, gıdıklanıyorum!' dedim. Onun cevabı ise aynıydı: 'Henüz değil!'

Sonra beni nazikçe tutup yine fırına doğru yürümeye başladı. Korkudan ölecektim. 'Hayır! Beni yine fırına sokma, lütfeeen!' diye bağırdım.

Fırını açıp beni içeri iteleyip kapağı kapattı. Isıyı bir öncekinin iki katına çıkardı. 'Bu sefer beni gerçekten yakıp kavuracak!' diye düşündüm. Pencereden bakıp ona yine yalvardım, ama o yine 'Daha değil!' diyordu. Ancak bu defa ustanın yanaklarından bir damla gözyaşının yuvarlandığını gördüm.

Tam son nefesimi vermek üzere olduğumu düşünüyordum ki, kapak açıldı ve ustanın nazik eli beni çekip dışarı çıkardı. Derin bir nefes aldım, hasret kaldığım serinliğe kavuşmuştum. Beni yüksekçe bir rafa koydu ve usta şöyle dedi:

'Şimdi tam istediğim gibi oldun. Kendine bir bakmak ister misin?'

Ona 'Evet' dedim.

 Bir ayna getirip önüme koydu. Gördüğüme inanamıyordum.

Aynaya tekrar tekrar baktım ve 'Bu ben değilim. Ben sadece bir ***çamur parçasıydım.'***

'Evet bu sensin!' dedi usta. ***'Senin acı ve sıkıntı diye gördüğün şeyler sayesinde böyle mükemmel bir fincan haline geldin.***

Eğer seni bir çamur parçası iken üzerinde çalışmasaydım, kuruyup gidecektin.

Döner tezgahın üstüne koymasaydım, ufalanıp toz olacaktın.

Sıcak fırına sokmasaydım, çatlayacaktın.

Boyamasaydım, hayatında renk olmayacaktı.

Ama sana asıl güç ve kuvveti veren ikinci fırın oldu.

Şimdi arzu ettiğim her şey var üzerinde.'

Ve ben kahve fincanı, şu sözlerin ağzımdan çıktığını hayretle fark ettim:

'Ustam! Sana güvenmediğim için beni affet!

Bana zarar vereceğini düşündüm.

Beni benden fazla sevip iyilik yapacağını fark edemedim.

Bakışım kısaydı, ama şimdi beni harika bir sanat eseri yaptığını görüyorum.

Benim sıkıntı ve acı diye gördüğüm şeyleri bana verdiğin için teşekkür ederim...'

Teşekkür ederim."

* * * * * *

Usta fincanı, yaratıcı insanı şekillendirir. Yeter ki ***acıdaki hikmeti görelim.***

Kahrın da hoş, lûtfun da hoş demesini bir öğrenebilsek...

Sabaha yürekten vurgun olanlar geceyi de severler. Kavuşmak için yola çıkanlar yoldaki güçlükleri seveceklerdir.

Buğdayı sevenler, hasada gönül verenler yalnız tohumu değil güneşin kavuran ışığını, ekini örten karları da sevmek mecburiyetindedirler.

Yoldaki sıkıntı, kavuşmanın vereceği rahatlığın bir parçasıdır. Yoldaki sıkıntıyı reddetmek kavuşmayı reddetmektir. Karanlığa katlanamayanların aydınlığı olmaz. Sıkıntı olmasın demek hiçbir şey olmasın demektir.

Hayatın Kalbine Yürüyün

Recep Şükrü Apuhan

(Timaş Yay.)

Zorluklar insanı güçlendirir.

Özellikle genç yaşta ciddi sıkıntılar yaşayan ve tüm zorluk ve sıkıntılara direnen, vazgeçmeyip mücadeleye devam eden insanların çok daha fazla güçlenme şansı vardır. Kas gelişimi gibi fiziksel zorluklar nasıl kasları güçlendiriyorsa, Psikolojik zorluklara karşı direnç ve mücadelede ruhu güçlendiriyor.

Stres ve Başaçıkma Yolları

Acar - Zuhal BALTAŞ

Remzi Kitabevi

Acının Gizlediği Armağan

Bir gün okyanusta yol alan bir gemi kaza geçirerek battı. Gemiden tek bir kişi sağ kurtuldu. Dalgalar bu adamı küçük, ıssız bir adaya kadar sürükledi. Adam ilk günler kendisini kurtarmasını için Allah'a yakardı ve yardım bulurum umuduyla ufka baktı. Ama ne gelen oldu, ne giden...

Daha sonra rüzgardan, yağmurdan ve zararlı hayvanlardan korunmak için ağaç dallarından ve yapraklardan bir kulübe yaptı. Sahilde bulduğu, gemiden arta kalan konserve, pusula gibi eşyaları bu kulübeye koydu. Günler hep aynı şekilde geçiyordu. Balık avlıyor, pişirip yiyor ve ufku gözlüyor, kendisini kurtarması için Allah'a dua ediyordu.

Bir gün tatlı su getirmek için yürüyüşe çıkmıştı, geri döndüğünde kulübesinin alevler içinde yandığını gördü. Duman dans ede ede göğe yükseliyordu. Başına gelebilecek en kötü şeydi bu. Keder ve öfke içinde donakaldı. Şimdi bu ıssız adada, başını sokabileceği bir kulübe bile kalmamıştı. "Allah'ım, bunu bana nasıl yapabildin?" diye feryat etti. O geceyi keder ve üzüntü içinde geçirdi. O kadar dua ettiği halde, başına bu olay geldiği için sitemler etti.

Ertesi sabah erken saatlerde, adaya yaklaşmakta olan bir geminin düdük sesiyle uyandı! "Benim burada olduğumu nasıl anladınız?" diye sordu bitkin adam kendisini kurtaranlara. Cevap onu hem şaşırttı, hem de utandırdı:

"Dumanla verdiğiniz işareti gördük!"

"Her şeye gücü yeten, her şeyi bilen, gücü sınırsız olan, beni işiten, kalbimden geçenleri duyabilen, beni benden çok bilen koruyucu bir güç var bu güç beni koruyor" diye düşünerek kutsal olana inanan bir insan, ruhunu zihinsel bir sığınağa yerleştirmiş olur ve dinginlik kazanır. Kutsala inanmak insana, doğada kontrol edemediği durumlarda, kendini güçsüz ve yetersiz hissettiği anlarda güven ve teselli verir. Dinin teselli etme gücü de burada devreye girer.

Prof. Dr. Nevzat TARHAN

İnanç Psikolojisi (Timaş Yay.)

Strese girenin imanından şüphe ederim!

"Az" konuşan fakat "öz" konuşan büyükler vardır. Babam da bunlardan biridir. Çok sık bir arada olamadığımız için benim için bu "öz" konuşmalar daha kısa olur. Birkaç yıl önce öyle bir laf söyledi ki sustum kaldım. Uzun süre kafamın içinde dolandı söylediği cümle.

"Strese girenin imanından şüphe ederim!" demişti babam.

Stresle ilgili kitaplar okuyan, zaman zaman "stresle mücadele" konusunda seminerler veren biri olarak, cümleyi çok ağır bulmuş olsam bile, kafamın içinde cümle dönüp durdu uzun zaman. Yaşadığımız yüzyılın en önemli problemlerinden biri olan stres hakkında bu kadar ***kesin*** ve ***keskin*** bir ifade duymamıştım.

Geçen yıl memlekette bir arkadaşla otururken hayatın sıkıntıları ve zorlukları konuşulmaya başlanınca ben de kendisine stres ve stresle mücadele hakkında bildiklerimi anlatmaya başladım. Arkadaşım da benimle birikimlerini paylaşıyordu. Bir ara babamın söylediği ***"Strese girenin imanından şüphe ederim!"*** lafını attım ortaya. Arkadaşım "doğru bir cümle" dedi. ***"Hatta bir insan stres yüzünden hasta olursa Allah o insana bunun hesabını bile sorar"*** dedi.

* * * * * * * * *

Stres, halkın bildiği ve kullandığı anlamıyla, ***sıkıntıları kafaya takmak*** demektir. Sıkıntılar insanı mutsuz ediyor. Mutsuzluk insanı hasta ediyor.

Kimisi hastalıklarla mücadele etmekten yoruluyor. Mutsuz ve hasta oluyor.

Kimisi ailesiyle problemler yaşamaktan bunalıyor.

Kimisi çocuklarıyla baş edememenin sıkıntısını yaşıyor.

Kimisi maddi sıkıntılarla boğuşuyor.

Kimisi çevresindekilerin kendisini anlamadığından dert yanıyor.

Kimisi bir sevdiğini toprağa verince hayata küsüyor.

Hayatta insanı strese sokan o kadar çok şey var ki. Herkes kendisine dert edecek bir sıkıntı bulabilir.

Stresle iman arasında bir bağlantı var mı dersiniz?

Sıkıntılarla dolu bir hayat denilince benim aklıma hep Peygamberler geliyor. Allah Peygamberlerin kıssalarını ayrıntılarıyla bize niçin aktarıyor dersiniz? Okuyup, ibret almamız için değil mi?

Peygamberlerin hayatlarından yola çıkarak bazı sorular sormak istiyorum.

Hz. Eyyüb'ü hastalıkla imtihan eden Allah, bizi de aynı imtihana tabi tutma hakkına sahip değil mi?

Hastalığı kafaya takıp bunalıma giren insan *"Allah'ım beni niçin hastalıkla imtihan ediyorsunuz ki?"* demiş olmuyor mu?

Hz. Nuh'u oğluyla imtihan eden Allah, sizi evlatlarınızla imtihan edemez mi?

Hz. İbrahim'i babasıyla imtihan eden Allah, sizi öz babanızla imtihan edemez mi?

Hz. Lut'u eşiyle imtihan eden Allah'a, "*Beni niçin eşimle imtihan ediyorsun ki?*" deme hakkına sahip olduğunuzu mu düşünüyorsunuz?

Hz. Yusuf'u kardeşiyle imtihan eden Allah, belki sizi de kardeşlerinizle imtihan ediyordur!

Tüm peygamberlerin hayatları sıkıntı (imtihan) dolu olduğuna göre, bizim hayatımızda da bazı sıkıntıların olması hayatın bir parçası değil mi?

Anne veya babasını kaybedince bunalıma giren bir insan Allah'a "*Benim annemi / babamı niye alıyorsun ki?*" deme hakkına sahip olduğunu mu sanıyor?

"En büyük acı evlat acısıdır!" denir. Bu acıyı yaşayan anne babalar "Allah kimseye yaşatmasın!" derler.

Alemlere rahmet olarak yaratılan Hz. Muhammed Mustafa'ya bile torpil yapmayan Yaratıcının, bize torpil yapmasını beklemeye hakkımızın olmadığını hiç düşündünüz mü? *Beş defa* evlat acısıyla imtihan edilmiş bir Peygamberin ümmeti olduğumuzu bilmek zorundayız.

"Kardeşim onlar Peygamber, biz insanız" diye kimse itiraz etmesin. Peygamberler de bizler gibi üzülen, ağlayan, ***Allah'a sığınan*** insanlardı. Allah tarafından özel seçilmiş oldukları gerçeği "insanı" acılara tepkisiz kalacakları anlamına gelmez. ***Bize düşen hayatı doğru anlamaktır.*** Unutmamalıyız ki, ***Peygamberlerine torpil yapmayan Allah, bize de torpil yapmaz.***

* * * * * * * *

Stres ile iman arasındaki ilişki kafamın içinde uzun zamandır dolanıyordu. Bir okuyucum bana öyle bir söz gönderdi ki, o sözü okuyunca kafamın içinde dolanan cümleler köşe yazısına dönüştü. Bu yazıyı da o güzel sözle bitirmek istiyorum.

Çok sıkıldığınız zaman bu cümleyi hatırlayın. Hatta bana kalsa pano haline getirilip ev veya işyerinin duvarlarına asılması gereken bir söz.

Bir gün dünyaya ait büyük bir derdin olursa Rabb'ine dönüp, "Benim büyük bir derdim var!" deme, derdine dönüp *"Benim büyük bir Rabb'im var!"* de.

Dua'ya Cevap

Dua edip Allah'tan **"kuvvet"** istedim.

O ise bana beni kuvvetlendirmek için zorluklar verdi.

Ondan **hikmet** istedim.

O bana çözmem için **problemler** verdi.

Ondan **zenginlik** istedim.

O bana **akıl** ve **basiret** verdi.

Ondan **cesaret** istedim.

O bana üstesinden gelmem için **tehlikeler** verdi

Ondan **sevgi** istedim.

O bana yardım elimi uzatabilmem için **sıkıntıda insanlar** verdi.

Ondan **yardım** istedim.

O bana **fırsatlar** verdi.

MARANGOZ

Yaşlı bir marangozun emeklilik çağı gelmişti. Patronuna işten ayrılmak istediğini ve artık ailesi ve torunlarıyla zaman geçireceğini söyledi.

Patron marangozdan son bir isteği olduğunu söyler. Ondan son kez bir ev yapmasını ister. Marangoz kabul eder ve işe girişir. Fakat gönlü artık işte olmadığı için baştan savma işçilik ve kalitesiz malzeme kullanarak evi bitirdi.

İşini bitirdiğinde işveren, evi gözden geçirmek için geldi. Dış kapının anahtarını marangoza uzattı. "Bu ev senin" dedi, "sana benden hediye". Marangoz şoka girdi. Ne kadar utanmıştı! Keşke yaptığı evin kendi evi olduğunu bilseydi! O zaman onu böyle yapar mıydı hiç?

Marangoz sizsiniz. Her gün bir çivi çakar, bir tahta koyar ya da bir duvar dikersiniz. Hayat bir "kendin yap" tasarımıdır. Oturduğunuz evin güzelliği de, çirkinliği de sizin eserinizdir.

Duanın İnsan Fizyolojisi Üzerindeki Etkileri

Dr. Herbert Benson, son otuz yılını **duanın insan fizyolojisi üzerindeki etkilerine** ayırmış bir araştırmacıdır. Dr. Benson, "Handbook of Religion and Health" isimli kitabında inanmanın hastalıklar üzerinde %60 ile %90 oranında iyileştirici etkisi olduğunu aktarmıştır. 1200 kişi üzerinde yapılan araştırmada, dindar insanların daha uzun ve sağlıklı yaşadıkları anlaşılmıştır. İbadetine düşkün ve düzenli şekilde dua eden insanların, daha seyrek hasta oldukları ve hastalıklarında hastanede kalma sürelerinin daha az olduğu ortaya çıkmıştır. Çalışma sonunda, dini referanslara göre yaşayanlar arasında kalp ameliyatı geçirenlerin, ameliyat sonrası ölüm riskinin, hiçbir dini aktivitesi olmayanlara göre on dört misli daha az olduğu tespit edilmiştir. Dr. Benson, beyin MR görüntülemelerinde, dua halindeki kişinin beyninde kompleks aktivitelerin gerçekleştiğini rapor etmiştir. Dua eden bir kişinin vücut ısısı yükselmektedir. Bedende bir ürpertiyle başlayan uyarılma hissi yaşanmakta, algı gücü keskinleşmekte, bilinç düzeyi ve farkındalık artmaktadır.

Psikiyatrik ilaçların bu denli yüksek satış rakamlarına ulaşmış olması acaba neyin göstergesi?

Halkımızın psikolojisinin her geçen gün biraz daha bozulduğunun mu?

Doktorların her gelene bu ilaçları yazarak, ilaçların satış cirosunu arttırdığını mı?

Halkımızın psikolojik ilaçlardan daha fazla medet ummaya başladığını mı?

Ya da psikiyatrinin her geçen gün daha fazla hastalık ürettiğini mi?

Sıyırmamak için Allah'a sığının!

İlaç tedavisi gören insanların sayısı her geçen gün artıyor. Elbette hastalıklar karşısında insan tedavi olacak. Ancak benim bahsettiğim ilaçlar fiziksel hastalıklar için kullanılan ilaçlar değil. ***Ruh hastalıkları,*** ya da ***psikolojik rahatsızlıklar*** olarak tanımlanan hastalıklar yüzünden kullanılan ilaçlardan bahsediyorum. ABD ve Avrupa'nın yıllardır gündeminde olan psikolojik hastalıklar, son yıllarda ülkemizde de gözle görülür biçimde arttı. Hem de her yaş grubunda.

"Nereye gidiyoruz?" diye sormamız gerektiğini düşünüyorum. "Niçin bu hale geldiğimizi?" araştırmak zorundayız. Daha da önemlisi hepimiz bunun üzerine düşünmek zorundayız.

"Dert insanı hasta eder" deriz hep. Ancak bu yanlış bir anlamadır. Her derdi olan hasta olsa vay halimize! İçinizde derdi olmayan var mı? "Dünyada derdi olmayan iki insan varmış, biri henüz doğmamış, diğeri de rahmetli olmuş!" esprisini herkesin farklı olmakla beraber, derdi olduğunu anlatmak için kullanırım sıkıntılarını benimle paylaşan öğrencilerime.

Dert insanı hasta etmez! Derdini dert etmek insanı hasta eder. Bu ikisi arasındaki farkı anladığımız zaman, bizi hasta eden şeyin ***derdimiz*** değil ***kendimiz*** olduğunu daha iyi anlarız.

* * * * * * *

Peygamberlerin hayat hikayesini bilmeyen yoktur. ***Biliyor olmak başkadır, üzerine düşünmek başka... Biz biliyoruz fakat düşünmüyoruz.*** Peygamberler tarihi tam anlamıyla ***çileler*** tarihidir. Her Peygamberin ayrı bir sıkıntıyla ***imtihan edildiğini*** anlamak zorundayız.

Kimi peygamberler oğluyla imtihan edilmiş, kimisi babasıyla, kimisi de eşiyle. Bazılarının hayatında çok büyük hastalıklarla verilen mücadele dikkatimizi çekiyor, bazılarının ihanetle imtihan edildiğini görüyoruz. Çile, acı, kazanma, kaybetme, horlanma, dışlanma, alay edilme gibi aklınıza ***dert*** adına ne geliyorsa hepsini Peygamberlerin hayatında göreceksiniz.

Alemlere rahmet olarak yaratıldığına inandığımız Peygamberimiz Muhammed Mustafa (s.a.s)'in hayat hikayesini ***hepimiz biliriz ama üzerine düşünmeyiz.*** Dünyaya gelmeden babasını, iki yaşında annesini kaybetmiş. H***em öksüz hem yetim büyümüş.*** Kendisine hem annelik hem babalık yapmaya çalışan dedesini de çocuk yaşta kaybetmiş.

Yaşadığı toplum tarafından dışlanmış, horlanmış taşlanmış. Eşini kaybetmenin acısını da yaşamış. Bir anne veya babanın bu dünyada yaşayabileceği en büyük acı olarak tanımlanan ***evlat acısını*** da yaşamış. ***Hem de tam beş defa***. Beş çocuğunun da ölümünü görmüş. Evlatlarını toprağa vermiş. Bahsettiğimiz kişinin yaratıcının en sevdiği kulu olduğunu hatırlamak zorundayız.

 Bunları hepimiz biliyoruz. Ama dedim ya ***düşünmüyoruz!***

Düşünmüyoruz ki Allah (c.c.) en sevdiği kulları olan Peygamberlerini bile acı ve çileyle imtihan ediyorsa beni / bizi niye imtihan etmesin? ***Alemlere rahmet olarak yarattığı Peygamberine bile torpil yapmıyorsa bana / bize niye torpil yapsın?***

Tüm *bunları babası hayatta olduğu halde yetim gibi büyüyen* bir kız öğrencime anlatmıştım yıllar önce. Anlatmamın sebebi ise, evde kanser olan annesinin ölümünü beklediklerini bana gözyaşları içerisinde anlatmış olmasıydı.

Aradan birkaç ay zaman geçtikten sonra bana bir sms yolladı o öğrencim. "*Hocam! Artık benim annem de yok*" yazmıştı. Uzun bir müddet cevap veremedim. Ne söyleyebilirdim ki?

Bir sonraki görüşmemizde bana bir itirafta bulundu. Dedi ki; "*Hocam hani ben size ağlayarak yaşadığım sıkıntıları anlatmıştım da siz de bana Peygamberlerin hayatlarından örnekler vermiştiniz ya! Eğer o gün siz bana Peygamberlerin hayatının da çile, sıkıntı ve acıyla dolu bir imtihanla geçtiğini söylemeseydiniz ben intihar etmeyi düşünüyordum!*"

* * * * * * *

Tüm bu hatıraların benim zihnimde canlanmasına sebep olan, okuduğum iki yazı oldu.

Birincisi, Türkiye'de her geçen gün artan psikolojik hastalıklar. Yani ***depresyon*** ilaçlarının ülkemizde daha çok kullanılmaya başlaması. Her sıkıntıda depresyona girer hale geldik. Dünyanın ***imtihan*** dünyası olduğunu unutuyoruz bazen. En ufak sıkıntıda depresyona giriyoruz.

İkincisi ise, Tsunami felaketinden sonra Açe'de yaşanan ilginç olay. Olay yeni değil ancak ben yeni okudum. İnanın çok etkilendim.

26 Aralık 2004'te meydana gelene Tsunami felaketinde binlerce insanlarını kaybetmelerine rağmen, Açe halkı imanları sayesinde ayakta kalabilmiş.

...Açelilerin çoğu bu iman sayesinde ayakta kalmış. Öyle ki, Batılılar ve ABD bölgeye ilk haftalarda bol miktarda psikolog ve psikiyatr göndermiş. Fakat o da nesi? Bunca felaketi yaşayan bu insanların halet-i ruhiyesi sapasağlam. Gelen psikologlara pek iş düşmemiş. Hatta onları rehabilite etmek için gelen psikologlardan bazıları, gördükleri manzara karşısında psikolojik tedaviye muhtaç olmuşlar.

Bu durum karşısında, ülkeler uzmanlarını geri çağırmış ve yerlerini sosyolog göndermişler; "Gidin de bu travmayı kendi başlarına nasıl atlattıklarını öğrenip bize bildirin" diye.

"İman, en büyük imkandır" *diye bitiriyor Mustafa İslamoğlu yazısını.*

* * * * * *

Rahmetli Onk.Dr. Haluk Nurbaki hoca "Namazın Sırları" isimli kitabında, ***"Gün gelecek Doktorlar reçetelerine abdest ve namazı yazacaklar"*** sözünü ilk okuduğumda çok hoşuma gitmişti.

Abdest ve namazın sadece bir ibadet olmadığından, fiziksel ve psikolojik açıdan insanı dengede tutan çok önemli bir tedavi metodu olduğundan bahsediyordu.

Rahmet ayı Ramazan geldi. Hazır şeytan da bağlanmışken Allaha sığının. Allaha *sığınmazsak* kafayı *sıyıranların* sayısı her geçen gün daha da artacak.

Sıyırmamak için sığının!

Hayırlı Ramazanlar!

"Bir ruhum var benim; olmadığını söylemeyin. Beni kesip açsanız, onu bulamazsınız. Buharlı makineyi de kesip açsanız, buharı bulamazsınız. İnanılır gibi değil ama, makineyi yürütüyor buhar..."

(Bernard Shaw)

İsmet ÖZEL'in kaleminden "Namaz kılmak"

NAMAZ İNSANI KILAR (*)

Ademoğlunun ne tür bir yaratık olduğuna dair bilgi kendi bedenine yapışık değildir. Oysa diğer yaratıkların bedenleri varlıklarını açıklıyor. Yer yüzeyi üzerinde kendi hakkındaki bilgiyi edinecek konumda bırakılmış yegane yaratık ademoğludur.

Bütün şahadet alemi bir dönüş yaşıyor. İnsan ehliyetini bu dönüşe katılmakta kullanıyor. Sabah, öğle, ikindi, akşam, yatsı vakitleri bir dönüşün menzilleri, burçları, uğrak yerleridir. İnsan kıvamını bu menzillerde yoğrularak buluyor. Bu menzillerde yoğrulmamak demek insan olarak kıvamını kaybetmek demektir. *İnsana insanlık kıvamını günde beş vakit namaz verir.* İnsan namazda ise kendini kılınmaya bırakmış, kendi kılınmaya bırakıldığı rızasına kavuşmuş olur. Teheccüd namazı insan kılınma bilincinin en arıtılmış durumunu yansıtır.

İstek şudur; "İnsan kılınayım"... İnsan kılınmak isteyen kim? Bu soru sorulduğunda insan kılınma bilincinin doğduğu, doğmasına elverişli olan bir mekanın bulunması gerektiğini anlıyoruz. İnsan kılınma bilinci hangi mekanda doğar? Bu sorunun cevabı abdest almakla verilir. Abdest su ile alınır diyorsak teyemmümün abdesti ne kadar açıkladığını ayrıca fikretmek, ayrıca düşünmek gerektiğini de kabul ediyoruz demektir. Abdest alınmak suretiyle varlığa ilişkin algılanabilir sınırların belirlenmesi çabası gösterilir.

Önce eller yıkanır. Uzuvlar arasında kibre vesile olmaya en çok ellerin müsait oluşu ellerin önce yıkanmasının sebebidir. İnsan yapısı dediklerinde hemen her şeyden önce eller sorumludur. Elden gelen yapılır. El marifetiyle yapılır. Yapmak en çok elin sebep olduğu bir şeydir. Üstelik bedenin uzuvları arasında kendi kendini yıkayabilme yeterliği gösterebilen ancak ellerdir. Ellerin istiğnasından korkulur. Eller hubris yolunu açar. İnsan insanlığın kuyusunu elleriyle kazar.

Abdest almanın bir sonraki aşamasında ağza su verilir. Ağzın sınırlandırılması pek mühimdir. Kainatın tahribine kolaylıkla açılabilecek olan ağız ve ağızlardır. Çünkü felaketlerin çabuklaşması, afetlerin şiddetlenmesi ağızla, ağızdan gerçekleşir. Ağızdan ağza yayılan korku vericidir. Ağız yıkıcılığın, ifsat etmenin bahane bulduğu mekandır. Ağzı olumluluğa ve üstünlüğe uygun kılmak için yapılacak işler mutlaka ağır zahmet ve sıkı intizam gerektirir. Abdest alınırken ağza su verilmesi çekilen zahmete ve hissedilen intizama dair bir yemin gibidir.

Buruna su verilir. Böylelikle burnun dış cephe itibariyle yalıtkan beşeri karaktere yuvalanmış bulunan tahakküm fikrini destekleyen özelliği asgariye indirilmiş ve iç çeper yoklanarak burun aracılığıyla ulaşılabilen hassasiyetlere daha geniş alan açılmış olur.

Yüz yıkanır. Abdest alırken yüz yıkama herhangi bir yüz yıkama değildir. Gerek uykudan uyanıp yıkanan yüz, gerekse ağladıktan sonra yıkanan yüz fayda veriyorsa bedenin beşerilikte çakılıp kalmasına yardımcı olduğundan fayda veriyordur. Sırası geldiği için abdest alınırken yüz yıkanır. Diğer yüz yıkamalardan farkı olarak bu sefer beşeri vasıflar yüzünden kazanılmış bir yüz terk edilir. Yüzün çevrilmeye, yüzün kendini çevirmesine değer niteliği ortaya çıkarılmak istenir. Bakılabilir bir yüz olmaya çabalamaktan ziyade bakılmak istenen bir yüze itibar edildiğinin kararına cevaz verilir. Abdest alınırken yıkanan yüz riyadan mutlak manada sakınmayı vadeden yüzdür.

Kollar dirseklere kadar yıkanır. Dirseklere kadar. O eklem yerleri çıkar ilişkileriyle örtülü beşer hayatının dalaverelerine bulaşma yatkınlığıyla anılır.

Baş mesh edilir. Suyun elle başa değdirilmesi boyutlara verilen öneme ilişkindir. Beşer ortamında başa atfedilen manaların hepsi namaz hazırlığına indirgenir.

Kulakların arkasına ve boyuna mesh edilir. Bu hareketler varolan şeylerin varlığını anlayabilmek için onların süreçlerle bağına dikkat edilmesi gereğini temsil eder.

Nihayet ayaklar yıkanır. Ayaklar hem yerden yalıtılmayı sağlamak hem de başa mesh edilme vakıasını tamama erdirmek için yıkanır. Namazı eda etmeye hazır olmak için hem yerle (arzla) beşeri amaçlar doğrultusundaki bağlantıyı kesmek, hem de boyutlara verilen önemi tebarüz ettirmek lazımdır.

Sonuç olarak şunu söylemek gerekir ki her kim abdest almışsa bununla dünyadaki varlığı hangi bakımdan hesaba katılacak olursa olsun o varlığın belli sınırlar içinde kalması gereğini vurgulamış, dünyada işgal edilen yerin anlamca tutarlılığının bir ihtiyaç olduğu görüşünü benimsemiş ve bir cihaz olmanın eşiğine varmıştır. Abdest almak varlık alanının bir uyumsuzluk alanının olmadığının kanıtlanmasıdır. Abdest alan saçmayı geride bırakmış ve giderek saçmayı savmıştır. *Artık namaz onu kılacak, çalışan bir cihaz şekline sokacaktır.* Cihaz; ama bir makine mi? Hiç de değil. Eğer şeklini namazın verdiği cihaz bir makine olsaydı abdest almadan da namaza durulabilirdi. Çünkü makine çalıştıkça üstün nitelik kazanan bir şey değildir. Halbuki namaz insanı kılar. Namazın insanı kılması alınan abdest sayesinde olur. Namazı eda edebilmek için abdestli olmak, abdest almış olmak lazımdır; çünkü namazın neyi insan kıldığı belirlenmiş olmalıdır.

İftitah tekbiriyle namaza durulur. *Namaza durmak meyveye durmak gibidir.* Namaza durmanın bir başka namazda "olmak" denildiğine göre olmanın neden olgunlaşmaya vardığı hayret konusu olmaz. Namaza duranın yöneldiği aşkın bir mekanı vardır. Bu mekanın adı "Kâbe"dir. Kâbe kalp şeklindedir. Yeryüzünün hangi bucağında olursa olsun namaza duranlar Kâbe'ye yönelir. *Zihninizde canlandırabilirseniz namaz dolayısıyla hangi türden bir topluluğun, ne mahiyette bir topluluğun ortaya çıktığının resmine ulaşabilirsiniz.* Yirmi dört saatin her dakikası, her saniyesi namaz vaktidir. Yani namaz kılanlar sebebiyle nefes alıp verdiğimiz her anda hem kalpler kalbi karşılar, hem kalp kalpleri karşılar. Kalp kalbe karşıdır. Kalpler kalplere karşıdır.

İftitah tekbirinden sonra ellerini göbeği üzerinde bağlayanlar vardır. Ellerini göğsü üzerinde kavuşturanlar vardır. Ellerini yana sarkıtanlar vardır. Hangi biçimde olursa olsun kıyamda duruş yeni bağı kuvvetlendirmek için eski bağın zayıflatıldığının göstergesidir. Erkekler beşeri doğumlarının bedenlerinde kalan izini kapatırlar. Kadınlar doğurdukları veya doğuracakları beşere besin sağlayan uzuvlarını setr ederler. Kıyamdakilerin ellerinin durduğu yer değişik olsa da hepsinin bakışlarının çevrildiği yer aynıdır. Gözlerini namazda olmanın hedefi neyse ondan ayırmazlar. Namazda olmaya kullukla doğan neşeyi kulluktan doğan sorumlulukla birleştirmek denilmesi mümkündür. İki hasletin birleşmesi sebebiyle kıyamda devrilmeyecekmiş gibi ve bilakis devirecekmiş gibi durulur.

Devrilen, devrilmesine ahdedilen unsuru hakikatin üstünü örtmeyi kendine iş edinen olarak teşhis edebiliriz. Namazı eda edende devirme düşüncesi öyle ağır basar ki kendinde beşer vasfı mahiyetinde duran ne varsa dik durmasına meydan vermez. İnsanlaşma özlemi beşeriyetin belini büker. Buna rükû denir. Rükûa varan rahmetli olmakla rahmeti taşımak arasındaki rabıtanın farkına varır. Beşerden insana doğru seyreden "baş" rükûa varmışken bir bulut gibi yükselip secdeye "yağar".

Secde hali Yaratan'ın hediyesi karşısında yaratılanın memnuniyete gark olduğunun ifadesidir. Yaratılmış olmanın haşyeti Yaratan'ın elinde olmaktan duyulan emniyete rabt olur. Her şeyin yerli yerinde olduğu anlaşılmıştır. Bu, her şeyi yerine koyanın yanılmazlığı yüzünden böyledir. Secde eden kendine tarihten devralınmış bir muhtariyetin yakıştırılmasından hoşlanıyor idiyse burnunu yere koymak, burnuna darbe indirilmesine ses çıkaramamak suretiyle bütün iddialarını geri alır.

Tehiyyât beşerin "artık" insanlıkta oturmuş halidir. İnsan, Müslüman, mümin tehiyyatta iken sağ ayağının baş parmağı kıbleyi gösterir. Tehiyyâttaki insanı şahadet alemiyle mânâ âlemi arasındaki kendi yeri hakkında bir fikir sahibi olmanın mahzunluğu kaplar. *Beşerden biriyken namaz tarafından insan kılınmış olmanın vakarı içindedir. Mahzun ve vakur iki omzundaki meleklere selam verir.*

Gerçek Hayat dergisi
Aralık 2001 tarihli yazısından özetlenmiştir

İnsanın bedeninde ameliyat yapmak için onu "bayıltmak" gerek. Ruhunda ameliyat yapmak için "ayıltmak" gerek.

Bozuk simit paraları ile cenneti satın almak ister misiniz?

Unutamadığımız olaylar vardır hayatımızda. Kimisinin içinde "hasret" ve "özlem" vardır. Kimisinin içinde "acı" vardır. Kiminin etkisinde birkaç gün kalırsınız, kimi haftalarca aklınızı kurcalar. Bazı olaylar hayatınızı etkiler, bazı özlemler içinizde bir yara olur...

Unutamadığımız çok şey var hayatta. Benim unutamadığım haberlerden birini birkaç yıl önce ajandama not almıştım. ***Açlıktan ölen bir bebekle ilgili*** bir haberdi not aldığım. Haberin ayrıntısı çok önemli değildi. Ancak bu topraklarda ***ilk*** defa bir bebek açlıktan ölüyordu belki de. Bir insanın açlıktan ölmesi bana çok acı gelir. Günlerce ***bir dilim ekmek yiyememiş ve bir bardak su içememiş*** bir bebek, sizin içinizi acıtmıyorsa yüreğinizi gözden geçirin. Hatta insanlığınızı...

Aşağıdaki yazıyı bir okuyucum gönderdi. Okur okumaz ***açlıktan ölen bebek*** ve ***toplumsal duyarsızlığımız*** aklıma geldi. Hikayeyi okuduğumda elimdeki ***cep*** telefonundan da üstümdeki kıyafetten de utandım.

Bakalım siz ne kadar etkileneceksiniz?

* * * * * * *

Bozuk Simit paraları ile cenneti satın almak!

Günün son dersinin sonuna gelinmişti. Öğrenciler çıkmak için sabırsızlanıyordu. Defter ve kitaplarını çantalarına koydular. Zil çalar çalmaz, dışarı çıkmak için hazırdılar. Yalnız, Ali hazırlanmamıştı. Gecikmek için de elinden geleni yapıyordu. Nihayet zil çaldı. Öğrenciler bir anda kapıya yöneldi. Ali, yerinden kalkmadı. Ağır ağır eşyasını topladı. Bir yandan göz ucuyla öğretmenine bakıyor, bir yandan da arkadaşlarının gitmesini bekliyordu.

Öğretmeni, onun bu halini fark etti:

- Hayrola Ali, dedi. Eve gitmeyecek misin?

Ali, son arkadaşının da çıktığını görünce cevap verdi:

- Sizinle konuşmak istiyordum öğretmenim.

- Peki, dedi öğretmeni. Ne söyleyeceksin bakalım?

- Ahmet arkadaşımız var ya...

- Evet, ne olmuş Ahmet'e?

- Durumları pek iyi değil galiba. Annesi, beslenme çantasına pekiyi şeyler koymuyor.

- Eee?

- Ona yardım etmek istiyorum. Ama benim yardım ettiğimi bilirse üzülür. Günde bir simit parası biriktirip her hafta size versem, siz de ona verseniz?

Cebinden bir avuç bozuk para çıkarıp öğretmenin masasının üzerine koydu. Nurhan Öğretmen, paraya dokunmadı. Sandalyesine oturup düşündü. Ali hakkındaki bilgilerini yokladı. Bildiği kadarıyla ailesinin durumu pekiyi değildi. Bu çalışkan ve sevimli öğrencisi, ne kadar da iyi niyetli ve düşünceliydi. Zengin bir ailenin çocuğu değildi. Buna rağmen yardım etmek istiyordu. Üstelik yardım ettiğinin bilinmesini istemiyordu.

Nurhan Öğretmen:

- Dur bakalım Ali, dedi. Bildiğim kadarıyla sizin de maddî durumunuz pekiyi değil. Yanlış mı biliyorum?

- Doğru biliyorsunuz öğretmenim. Babam gündelikçi. Çoğu zaman iş bulamıyor. Ama ben de çalışıyor, para kazanıyorum.

- Nerede çalışıyorsun?

- Simit satıyorum.

Nurhan Öğretmen yine durup düşündü. İyiliğin bu kadarına ne demeliydi şimdi? Bunun gerçekleşmesi zordu. Onu, bundan vazgeçirmek için bir çare bulmalıydı. Bunu yaparken, sevimli öğrencisini de kırmamalıydı. Onunla biraz daha konuşursa, belki bir yolunu bulurdu.

Nurhan Öğretmen, Ali'ye sordu:

- Büyüyünce ne olmak istiyorsun, diye sordu.

- Çok zengin bir işadamı...

- Niçin?

- İnsanlara daha çok yardım etmek için...

- Güzel, dedi Nurhan Öğretmen. Bak şimdi Ali, Ahmet'in ailesinin durumu pekiyi değil, bu doğru. Ama sizinki de bundan pek farklı değil. İstersen acele etme. Çok zengin olduğun zaman insanlara yardım edersin. Olmaz mı?

- Olmaz, dedi Ali. Şimdi yapmalıyım.

- Neden olmaz?

- Üç sebepten dolayı olmaz.

Birincisi: Bu para zaten benim değil. İyilik ettiğim için Allah, beni insanlara sevimli gösteriyor. İnsanlar da bundan etkileniyor, daha çok simit alıyorlar. Bu sayede gün boyu çalışanlardan bile fazla simit satıyorum. Hele mahallede Hasan Amca var, her gün iki simit alıp güvercinlere veriyor.

İkincisi: "Ağaç yaş iken eğilir." deniliyor. Şimdiden iyilik yapmayı öğrenmezsem büyüdüğümde hiç yapamam.

Üçüncüsü ise daha önemli: Büyüdüğüm zaman çok zengin bir işadamı olmak istiyorum. Zamanında yatırım yapmayanlar büyük işadamı olamazlar.

Nurhan Öğretmen, karşısında büyük biri varmış gibi dinliyordu:

- Bu sonuncusunu pekiyi anlayamadım, dedi.

- Açıklayayım öğretmenim, dedi Ali. Şimdi, çok zengin olmadığım için, ancak günde bir simit parası kadar yardım edebiliyorum. Bundan fazlasını veremem. Allah, Cennet'i gücü kadar iyilik edene veriyor. Şimdi gücüm bu olduğuna göre, Cennet'in fiyatı birkaç simit parası kadardır. Eğer zengin olmadan ölürsem birkaç simit parasıyla Cennet'e girebilirim. Bundan daha kârlı bir yatırım olur mu?

Nurhan Öğretmen'in gözleri dolmuştu. Başını "Evet" anlamında sallarken Ali'yi evine yolladı.

Sınıfa geri dönerken okulun boşaldığını fark etti. Eşyalarını toplamak için masasına döndüğünde Ali'nin bıraktığı paraların masanın üstünde kaldığını fark etti. Sandalyesine gayri ihtiyari oturdu ve paraları eline aldı.

Hiçbir para ona bu kadar kıymetli gelmemişti. ***Sanki elinde dünyanın en kıymetli incilerini, yakutlarını, elmaslarını tutuyordu.*** Hatta bu paralar onlardan bile kıymetliydi. ***Bu paralar, bu bozuk SIİMİT paraları, Cenneti satın alabilecek paralardı.*** Sanki hiç bırakmak istemeyen bir duygu ile sımsıkı kavradı bu bozuk simit paralarını.

Oturduğu yerden kalkamadı Nurhan Öğretmen. İçinin dolduğunu, tarif edilemeyen duygulara boğulduğunu hissetti. Birden boşalan sağanak yağmurlar gibi ağlamaya başladı. Ağladı... Ağladı... Ağladı.

Kendine geldiğinde akşam olmuştu. Yavaş adımlarla sınıftan çıkıp okuldan ayrılırken bekçi Sadık ***"Bozuk Simit paraları ile cenneti satın almak,*** Bozuk Simit paraları ile cenneti satın almak" diye Nurhan öğretmenin sayıkladığını duydu. Bekçinin hayretler içinde, "Ne dediniz hocam?" demesini bile duymayan Nurhan Öğretmen, bekçinin şaşkın bakışları altında akşamın alaca karanlığına karışıvermişti

* * * * * *

Hikayeyi beğenmişseniz ve Ali'den utanmışsanız, maddi durumunuz iyi değilse bile, iki tane ekmek alıp bölgenizdeki bir fakirin kapısına bırakın.

Bir okul önünde biraz bekleyip yırtık ayakkabısı olan bir çocuğa ayakkabı alın.

Maddi ihtiyacı olan bir akrabanıza yardım edin.

Yeter ki boş durmayın!

Masa başı çalışanı iseniz, aşağıda adı ve adresi olan yardım kuruluşlarından herhangi biri vasıtasıyla birilerinin elinden tutun.

CANSUYU DERNEĞİ :

www.cansuyu.org

DENİZ FENERİ DERNEĞİ :

www.denizfeneri.org.tr

İNSANİ YARDIM VAKFI :

www.ihh.org.tr

KÜLTÜR VE YARD. DERNEĞİ :

www.medeniyetocagi.org

KİMSE YOK MU DERNEĞİ :

www.kimseyokmu.org.tr

Unutmayın;

Ekmeği paylaşmak ekmekten daha lezzetlidir.

İnsan, ıstırapla hayata yeni bir perspektifle bakar. Acıdır, düşünceyi çağıran. Istırapla duyarlılığı zenginleşir insanın. Istırapla büyür, yücelir insan ruhu. Acının, hayatın sahteliğinde bulunmayan bir büyüklüğü vardır. Istırabın ardında daima bir ruh vardır. İnsan ıstırap çekmedikçe, bir ideal uğrunda mücadeleye girmez. Çünkü rahatlık, ancak uyuşukluk verir. Çünkü,

"Rahatlık içinde erdem sararıp solar"

Istırap çeken kimse, mazur görmeyi bilir. Çünkü acı hep nedenleri arar. İnsan, içinin derinliklerine hep acıyla iner. İnsan kendisi için en değerli bilgiyi ıstırapla kazanır. Istırap ruhu harekete geçirir. Eğer yenik düşmezse, insan ıstırapla büyük bir güç kazanır. İnsan kendisini acı sayesinde yener. İnsan gerçeği acıyla sezinler.

İnançsızlığın Anatomisi

Kemal Ural

(Şule Yay.)

İnsan vav şeklinde doğar, bir ara doğrulunca kendini elif sanır

İnsan iki büklüm yaşar, oysa en doğru olduğu gün ölmüştür.

Kulluğun manası vavdadır, elif uluhiyetin ve ehadiyetin simgesidir.

O yüzden Lafz-ı ilahi elifle başlar. Elif kainatın anahtarıdır, vav kainattır.

Rabb vav gibi mütevazı olsun ister kullarını.

Musa dal olmuştur ama Firavun'un gözü elif'te kalmıştır.

İbrahim ateşte vavdır, Nemrut bizzat ateşe odun.

Yunus, vav olup balığın karnında anca kurtarmıştır kendini.

İnsan iki büklüm olunca rahat eder ana karnında.

Boylu boyunca uzansa da kim rahattır mezarında?

Vavın elifle münasebeti ne kadar iyiyse, kainatın dengesi de o kadar düzgündür.

Kim kimi hatırlarsa evvel o ona koşar.

Kainatta tüm cisimler boşlukta dönerken insan belki o yüzden boşlukta kalmamış, Rabb'i onu imanla doldurmuştur.

Evvelde eliftir, bir ilahi nefesle ahirde vav olur kainat.

Manayı bilmeyenler vav diyemez vay der.

Buna anlamca vaveyla denir.

Yani vav olamadıkları için feryad edenlerin halidir.

Elif bir ağaç ve insan onun dalıdır.

Azrail budadıkça nefesleri daha gür çıkar sesleri.

Herbiri Dal olur ve o ağaçtan beslenir. Vav olur o ağacın gölgesine sığınır.

Ve Allah insana seslenir, peygamber eliyle ulaşan mesajı hem dal hem vav ol der insana.

"Mümin erkekler ve mümin kadınlar birbirlerinin velileridir. İyiliği emrederler; kötülüğe engel olurlar. Namaz kılarlar, zekat verirler. Allah'a ve Resulüne itaat ederler. İşte bunlara Allah rahmet edecektir. Allah şüphesiz güçlüdür, hakimdir."

Başkasının önünde eğilmek ne zordur. Birilerinin emri altına girmek ne ağırdır. Krallara boyun eğmemiş insan görmediği bir varlığa mı itaat edecektir?

İnsan kendinin bile farkında değildir iki lam birbirine sarılıp kainatı ayakta tutan sütunlar gibi durmuştur elifin ardında, kainatın gezegenleri yuvarlanıp son harf misali peşinden giderken, insan yolculukta geri kalmanın acısını ne zaman anlayacaktır. Zordadır sığınacak yeri yoktur. Evrene ve seslere kulak verenler duyar yeniden o kutlu çağrıyı;

"Sabır ve namazla Allah'tan yardım isteyin. Rablerine kavuşacak ve O'na döneceklerini umanlar ve Allah'a gerçek bir saygı gösterenlerden başkasına namaz elbette ağır gelir."

Sonra çağırır insanı, belki cennet kokusunu duyurmak içindir bu davet, belki kendi yanına çağırıyordur.

İşte o ayet: "Secde et, yaklaş!"

Eğil ve ben senin başını göklere erdireyim, yıldızları ayağına sereyim, sana gezmekle bitiremeyeceğin cennetler, sayamayacağın nimetler vereyim demektir bu.

Secde et, vav ol, vay dememek için la şey olan insan herşey demek olan Rabbinin önünde...

(Hakan Türkyılmaz)

2003 yılında, çocuklara psikiyatrik tedavi için harcanan para antibiyotik veya astım için yapılan tedavi harcamalarından çok daha fazladır.

Doğu Hikayeleriyle Psikoterapi...

Modern psikolojinin insanı mutlu etme, mutsuzluğunu yenme konularında pek başarılı olamadığını artık batılı da kabul etmek zorunda kalıyor. İlaçla uyuşturma-uyutma yöntemiyle nereye kadar gidecekler bilmiyorum.

Üniversite yıllarımda başladığım psikoloji kitapları merakım askerde de devam etti. Çarşı iznimde girdiğim kitapçıda, ismi bana çok ilginç gelen bir kitap almıştım. 1933 İran doğumlu olmasına rağmen 1954'den beri Almanya'da yaşayan, Psikoterapi eğitimini Almanya, İsviçre ve Amerika'da yapan nöroloji ve psikiyatri uzmanı Nossrat Peseschkian'ın kaleme aldığı ***"Doğu Hikayeleriyle Psikoterapi"*** adlı kitaptan bahsedeceğim.

Psikolojik tedaviyi *ilaçlarla değil hikayelerle yapan* bir psikiyatrist'in kitabından bahsediyorum. Kitabı ilginç kılan tek şey tedavi yöntemi değil. Aynı zamanda tedavi için kullandığı hikayelerin kaynağı. Tamamen ***doğu hikayelerinden*** istifade ediyor psikiyatrist.

Doğu hikayeleri de öyle çok özel hikayeler değil. Birçoğu bildiğimiz veya bilmemiz gereken hikayeler. ***Mevlana'nın Mesnevisinden, Sadi Şirazi'nin Bostan ve Gülistan'ından seçtiği hikayelerle tedavi ediyor hastalarını.***

Hikayelerin en acı dersi bile tatlandıran ve ilginç kılan bir kaşık şeker gibi etkisi olduğu gerçeğinden yola çıkan psikoterapist, hikayelerin psikoterapötik etkisinden bahsediyor.

* * * * * *

Örnek tedavi...

Babasından kalan şirketin işlerinin yoğunluğundan bunalan, ailesine ve çocuklarına fazla zaman ayıramadığı için aile ilişkileri bozulan bir iş adamı tedavi olmak için yanına geldiğinde ona hemen sakinleştirici (!) ilaç yazmıyor. Önce kendisini uzun uzun dinledikten sonra iş ve özel hayatı arasındaki ***dengesizliği*** düzelterek tüm problemlerinden kurtulabileceğine kanaat getiriyor.

Bu kanaatini ona anlatırken mutlaka hikayelerle anlatıyor.

Çivileri kalbinize çakmayın...

Mutluluğu kendinden vazgeçme, umudu cennet olan bilge kişi, serveti gördüğü her şeyi aşan bir prensle karşılaşmış. Prensin çadırı dinlenmek amacıyla şehrin dışında kuruluymuş.

Çadır çok kıymetli bir kumaştanmış. Hatta çadırı tutan çiviler bile som altındanmış. Sade ve şatafatsız bir hayat sürmeyi savunan bilge kişi, prense dünya varlıklarının, altın çadır çivilerinin anlamsızlığı ve insan çabasının sonuçsuzluğuyla ilgili bir araba laf etmiş. Diğer taraftan da kutsal yerlerin ne kadar ölümsüz ve görkemli olduğunu söylemiş. Elinden geleni yaptıktan sonra beklemenin, en büyük mutluluk olduğunu belirtmiş.

Prens büyük bir ciddiyetle bunları dinlemiş. Bilge kişinin elini tutmuş ve şöyle demiş: "Benim için sözlerin yol gösterici. Dostum, benimle gel, kutsal yerlere yolculukta bana eşlik et." Bu sözlerden sonra prens bir kez bile geriye bakmadan, yanına hiçbir şey almadan yola koyulmuş.

Bilge kişi bu duruma şaşırmış, prensin arkasından koşmuş ve bağırmış: "*Prensim, kutsal yerlere gitme konusunda gerçekten ciddi misiniz? Eğer ciddiyseniz, gidip yanıma eşyalarımı almak için beni bekleyin.*"

Prens gülerek cevap vermiş: "*Ben servetimi, atlarımı, altınlarımı, çadırımı, uşaklarımı ve sahip olduğum her şeyi bıraktım. Senin ise eşyaların için geri gitmen gerekiyor.*"

Bilge kişi yine şaşkınlık içinde sormuş: "*Prensim, lütfen bana açıklayın, nasıl bütün servetinizi almadan gidebilirsiniz?*"

Prens yavaş ama anlaşılabilir bir ses tonuyla şöyle söylemiş: "*Biz altın çadır çivilerini toprağa çaktık, kalbimize değil.*"

* * * * * * *

Dedelerimizden ninelerimizden dinlediğimiz birçok hikaye vardır. Eskiden aile hayatımızda var olup, bugün artık neredeyse tamamen kaybolmuş "hikaye anlatma kültürünün" ne kadar önemli olduğunu anlamama tekrar vesile oldu bu kitap.

Akşamları sobanın etrafında oturup çocuklarına veya torunlarına hikaye anlatma kültürünü kaybetmiş olmanın bedelini çok ağır ödüyoruz.

Dün sobanın etrafında çocuklarına hikaye anlatanların yerini bugün, TV karşısında dizi izleyenlere bıraktı. Meydana gelen tahribatı ilaçlarla tedavi etmeye çalışıyoruz. Ama maalesef her geçen gün daha kötüye gidiyoruz.

Hikayelerin ilaç gibi etkisi olduğunu, bu ilacı anne ve babalar çocuklarına içirirse etkisinin çok daha fazla olduğunu anlamak zorundayız.

Her akşam evde dizi izlemeyip, çocuklarına Mevlana'dan kıssalar ve bu kıssalardan alınacak hisseleri anlatan anne babaların sayısının artması temennisiyle...

İnanca bütün gücünüzle tutunun, etrafında pusulaya ters düşen başka işaretler olduğu halde pusulasına bakmaya devam eden denizci gibi olun.

(Tolstoy)

Sevgi, Zenginlik, Başarı

Alışverişe gitmek üzere evden çıkan bir kadın, kapısının karşısındaki kaldırımda oturan bembeyaz sakallı üç yaşlıyı görünce önce duraksadı, sonra onları, tüm içtenliğiyle evine davet etti:

"Burada böyle oturduğunuza göre, üçünüz de kesinlikle acıkmış olmalısınız" dedi. "Lütfen içeri gelin, size yiyecek bir şeyler hazırlayayım."

Üç yaşlıdan biri, kadına, eşinin evde olup olmadığını sordu.

Kadın, eşinin biraz önce çıktığını, şu anda evde olmadığını söyledi. Yaşlı adam, başını iki yana salladı: "Eşiniz evde değilse, biz de davetinizi kabul edemeyiz" dedi.

Aksam eşi geldiğinde kadın, karşı kaldırımdaki yaşlı adamlarla arasında geçen konuşmayı anlattı. "Senin evde olmadığını öğrenince, içeri girmek istemediler" dedi. Yaşlı adamların bu davranışlarını öğrenince, kadının eşi üzüldü. "Bir bakıversene dışarı" dedi. "Hâlâ oradalarsa, şimdi davet edebilirsin eve." Kadın kapıyı açar açmaz, karşı kaldırımdaki bembeyaz sakallı üç yaşlıyla yeniden karşılaştı.

"Eşim geldi, şimdi evde" dedi ve onlara davetini yineledi:

"Yemeğimizi birlikte yemek için sizi şimdi davet edebilir miyim evimize?" Kadının davetine, yaşlılardan biri yanıt verdi: "Biz hiçbir eve üçümüz birlikte gitmeyiz" dedi. Ve kısa bir duraksamadan sonra, bir açıklama yaptı:

"Sağ yanımdaki bu arkadaşımın adı, Zenginliktir" dedi. "Bu yanımda oturan arkadaşımın adı Başarı, benim adım ise Sevgidir.

Kendini ve arkadaşlarını tanıttıktan sonra Sevgi, kadına ilginç bir öneride bulundu: "Şimdi evinize gidin ve eşinizle baş başa verip, bir karara varın" dedi. "İçimizden yalnızca birimizi davet edebilirsiniz evinize. Hangimizi davet etmek istediğinize karar verin, sonra gelin, kararınızı bize bildirin."

Kadın, Sevgi'nin önerisini eşine anlattığında adam, sevinçten göklere fırladı.

"Aman ne güzel, ne güzel" dedi.

"Hangisini davet edeceğimizi bize bıraktıklarına göre, biz de içlerinden Zenginlik'i davet ederiz ve evimiz de bir anda Zenginlik'e kavuşmuş olur. Eşinin kararı, kadının hiç de hoşuna gitmedi. "Başarıyı davet etsek, daha mantıklı bir karar vermiş olmaz mıyız, kocacığım?" dedi.

Kayınvalidesiyle, kayınpederinin bu konuşmasına, içerideki odada bulunan gelinleri de kulak misafiri olmuştu. Koşarak içeri girdi ve o da kendi önerisini söyledi: "En doğru karar, Sevgi'yi davet etmek değil midir?" dedi. "Düşünsenize, evimiz bir anda Sevgi'ye kavuşacak." Gelinin bu önerisi, kayınpederinin de, kayınvalidesinin de çok hoşlarına gitti.

"Tamam, en doğru karar bu olacak" dediler. "Sevgi'yi davet edelim..."

Kadın kapıyı açtı ve üç yaşlıya birden sordu: "İçinizde hanginiz Sevgi'ydi?" dedi. "Onu davet etmeye karar verdik. Lütfen buyursun..." Sevgi ayağa kalktı, eve doğru yürümeye başladı.

Arkadaşları da ayağa kalktılar ve Sevgi'nin arkasından, onlar da eve doğru yürümeye başladılar. Kadın, büyük bir şaşkınlık ve heyecan içinde, Zenginlik'le Başarı'ya sordu: "Siz niçin geliyorsunuz?" dedi.

"Ben yalnızca Sevgi'yi davet etmiştim. Kadının bu sorusuna, üç yaşlı birlikte yanıt verdiler: "Eğer içimizden yalnızca Zenginlik'i ya da Başarı'yı davet etmiş olsaydınız, davet edilmeyen ikimiz dışarıda bekleyecektik" dediler. "Fakat siz Sevgi'yi davet ettiniz. Bu durumda üçümüz birden gelmek zorundayız evinize." Ve kadının "Niçin?" diye sormasını beklemeden, Zenginlik ve Başarı sözlerini şöyle sürdürdüler:

"Çünkü Sevgi'nin olduğu her yerde, biz Zenginlik ve Başarı da her zaman, onun yanında oluruz."

Sınav stresinin tek ilacı "iç telkin yöntemi"

Sınavlarda iç telkin yöntemiyle rahatlama...

Bir yıllık hazırlık sürecini tamamlayan yüzlerce öğrenci her yıl sınavlara giriyorlar. Sınav hazırlık sürecinin zorluğunu atlatmış olsalar bile, sınavın yaklaşmış olmasından dolayı birçok öğrenci ve ailesi büyük bir stres yaşıyor.

Sınav günü öğrencilerin önündeki en büyük engellerden birisi soruların zorluğu değil "*sınav stresi*" oluyor maalesef. Sınav dışında yaşanılan stresi atlatmak için anne, baba, öğretmen veya arkadaş desteğiyle rahatlama imkanı olsa da, sınav anında öğrenci kendisiyle baş başa kalıyor.

Adına ister stres deyin ister kaygı deyin isterseniz heyecan. Öğrencilerin bilmeleri gereken en önemli şeylerden bir tanesi de, yaşadıkları bu stersin çok doğal bir duygu olduğudur. Sınav stresini tamamen yok etmek diye bir şey yoktur! Heyecan yaşamak (stres) başarmanın en önemli adımlarından bir tanesidir. Bu sınava girmiş ve girecek olan tüm öğrenciler bu heyecanı yaşadılar ve yaşamaya devam edecekler.

Sınav kaygısı veya heyecanı, birçok öğrencinin sandığı gibi ***zararlı*** bir duygu değildir. Tam aksine hissedilmesi gereken, ***faydalı*** bir duygudur. Kaygı çok fazla olmaya başladığı zaman, ***zarar*** vermeye başlar. Sınav heyecanının artmasının en önemli sebebi, ***öğrencinin olumsuz düşüncelerle kaygısını tetiklemesi ve arttırmasıdır.***

Ben bu sınavı kaybedersem ne yaparım? Anneme babama nasıl cevap veririm? Arkadaşlarıma ne derim? Öğretmenlerimin yüzüne nasıl bakarım? Kazanamazsam ben ne yapacağım?

Bu ve benzeri cümlelerden oluşan düşünce yumağı öğrencinin kaygısını artırır. Geleceğe dair ***olumsuz düşünce yoğunlaşması*** sınav kaygısını tetiklediği gibi, basit sorularda bile hata yapılmasına sebep olur.

Sınav anında yoğun stres yaşayan öğrencilerin yapması gereken ilk şey, ***nefes egzersizleridir.*** Oturduğu yerden derin derin nefes almak, öğrenciyi rahatlatacaktır. Nefes kontrolünü, ***olumlu düşünce ve iç telkin*** ile destekleyerek kaygı düzeylerini iyice düşürüp rahatlamaktan başka çareleri yoktur.

Öğrencilerime sınav stresini anlatırken paylaştığım güzel bir örnekle bitireceğim bu yazıyı. Bu yazının konusu özelde "sınav stresi" olmakla beraber, stres yaşayan her insanın yapabileceği en kolay ve en faydalı rahatlama yöntemidir; ***iç telkin.***

* * * * * *

İç telkin yöntemiyle rahatlama...

Beş yaşında ele avuca sığmayan kızıyla alışverişe giden bir anne, bir yandan alışveriş yapıyor bir yandan kızıyla ilgileniyor. Sürekli sağa sola el atan kızı yüzünden hayli zorlanıyor. Mağaza'da dolanırken, çikolata reyonunu gören çocuk aniden annesinin ellerinden kurtulup, "Ben çikolata isterim! Ben çikolata isterim!" diyerek çikolata reyonuna adeta saldırıyor!

Ufacık boyuyla elini çikolata kutularına uzatınca haliyle birkaç kutu çikolata yerlere dökülüyor. Mağazada alıveriş yapanlar kızın hem ısrarına hem de ortalığa dağıtmış olmasından dolayı anne ve kızına bakıyorlar. Mağaza görevlileri annenin yanına gelip yerlere dağılmış olan çikolataları topluyorlar. Anne gayet sakin bir şekilde kızının elinden tutuyor ve "*Kızım Ayşe sakin ol! Bak alışverişi bitirip evimize gideceğiz.*" *diyor.*

Kasaya yaklaştıklarında bu sefer küçük kız kasanın önünde duran şekerlere saldırıyor; "Anne ben şeker isterim! Anne ben şeker isterim!" diye bağırarak şeker kutularına el atıyor. Şeker kutularının yerlere dökülmesiyle yine mağazadaki diğer müşteriler onlara bakıyor. Mağaza çalışanları sinirlenseler bile, belli etmemeye çalışarak yerlerdeki şekerleri topluyorlar. Kadın yine gayet sakin bir şekilde kızının elinden tutuyor ve "Kızım Ayşe sakin ol! Bak alışverişi bitirdik. Hesabı ödeyip eve gideceğiz" diyor.

Hesabı ödemek için kasaya yönelen anne, kasiyerden bozuk paraları alıp çantasına yerleştirirken küçük kız bu seferde annesinin ellerine saldırıp "Anne ben para isterim! Anne ben para isterim!" diye bağırmaya başlıyor. Tabi bu esnada cüzdana saldırdığı için bozuk paralar yerlere saçılıyor.

Herkes, bir yandan çocuğun sonu gelmez istekleri ve yaramazlıkları karşısında sinirlenirken, anne yine sakin bir şekilde kızının elinden tutuyor ve "Kızım Ayşe sakin ol! Bak hesabı da ödedik şimdi eve gidiyoruz" diyor.

Tüm bu olup bitenlere şahit olan yaşlı bir teyze anneye yaklaşıp, "Hanımefendi! Ben 5 tane çocuk büyüttüm. Etrafımda da o kadar anne gördüm. Evladına karşı sizin kadar sabırlı birini hiç görmedim. Kızınız Ayşe'ye karşı ne kadar sabırlısınız?" diyor.

Kızının elinden tutmuş ve mağazadan çıkmaya hazırlanan anne, yaşlı teyze'nin yüzüne bakarken hafifçe gülümseyerek "*Teyzeciğim benim kızımın adı Ayşe değil ki! Kızımın adı Fatma.*" diyor.

Yaşlı teyzenin şaşkın bakışları arasında cümlesini tamamlıyor:

"*Ayşe* ***benim*** *adım!*

Ben kızımı değil kendimi sakinleştiriyorum!"

* * * * * * *

İç telkin, kendi kendini sakinleştirmektir.

Kendi kendine nasihat etmektir.

Kendine dua etmektir.

Sınava girecek tüm öğrencilere başarılar diliyorum.

Yolunuz ve bahtınız açık olsun!

YAŞAMA SEVİNCİ

Vaktiyle her türlü maddi imkana sahip olmasına rağmen can sıkıntısı duyan, hayatın yaşanmaya değmez oluğundan dem vuran bir prens vardı. Kardeşleri, arkadaşları çalışır, gezer, ava gider, sohbetlere katılır, kitap okurken; bu prens bütün gün odasına kapanır, sürekli düşünürdü.

Kral, oğlunun bu haline çok üzülürdü. Bir gün ülkesinin en bilgin kişisini sarayına çağırtıp ona oğlunun durumunu anlattı ve buna bir çözüm bulmasını istedi. Bunun için bilgine bir hafta süre verdi. Yaşlı bilgin üç dört gün düşünüp taşındı, aklına hiçbir çözüm gelmedi. Bu yüzden biraz korktu. Biraz da mahcubiyet duyarak ülkeyi terk etmeye karar verdi. Üzgün ve dalgın bir şekilde ülkeyi terk ederken, bir köyün yakınlarında koyunlarını ve keçilerini otlatan genç bir çobanla ahbaplık etti. Bilginin kendisine gösterdiği yakınlıktan cesaret alan küçük çoban yaşlı dostuna:

"Amca şu hayvanlarıma biraz göz kulak oluver de ben şu görünen köyden azık alıp geleyim. Bugün yanıma azık almayı unutmuşum da dedi"

Teklifi kabul eden bilgin kafası kralın talebiyle meşgul bir halde hayvanlara göz kulak olurken bir keçi yavrusu kenarında otlamakta olduğu uçurumdan aşağı yuvarlanıverdi. Bilginin aşağı inip onu kurtarmadıkça keçinin kendi kendine kurtulması mümkün değildi.

Bilgin küçük çobana verdiği sözü doğru düzgün tutabilmek için keçi yavrusunu kurtarmaya karar verdi. Dikkatli bir biçimde uçurumun dibine indi önce yavruyu sırtına bağladı sonrada tırmanmaya başladı. Birkaç tırmanma başarısız oldu ancak bilgin yılmadı ve birkaç başarısız tırmanmanın ardından keçiyi zor da olsa yukarıya çıkarmayı başardı. Bu arada küçük dostuna verdiği sözü tutabilme sevincini yaşarken kralın talebini unuttu. Yukarı çıkıp bu durumun farkına vardığında aklında şimşekler çaktı şöyle düşündü.

"Bir kimse bir işle ciddi ciddi meşgul olursa, o kimsede can sıkıntısından eser kalmaz."

Bunun üzerine bilgin hemen ülkeye geri döndü ve kralın huzuruna çıkarak çözümü sundu.

"Saygıdeğer kralım oğlunuzun can sıkıntısından kurtulmasını istiyorsanız, ona bir sorumluluk yükleyin. Oğlunuza yükleyeceğiniz sorumluluk ne kadar ciddi olursa, onun yaşama sevinci ve mücadele azmi o kadar fazla olacaktır.

Kötü gün dostları sığınılacak liman gibidir.

= Yanlış arkadaş seçimi =

Köpekten arkadaş olur, köpek karakterliden olmaz

"Dost kazığı" ne kadar ***ağır*** bir söz... Dost bildiğin ve güvendiğin birinin arkandan kuyu kazdığını öğrenince yaşanılan ***şok*** çok daha fazladır. Hangimiz dost kazığı yemedik ki hayatta?

Arkadaşım Salih'le "Dost kazığı" sözü üzerine konuşuyorduk. "*Dost olsa kazık atmaz, kazık atmışsa dost değildir*" gibi bir cümleyle, "dost kazığı" sözünün kimyasını bozdu. Haksız da değildi.

Erkekliğe yakışmayan tavırlar yapan erkeklere "*soğan erkeği*" derler Anadolu'da. Türkiye'de bir zamanlar çok kullanılan ***"çavdar erkeği"*** sözü de benzer bir anlam için kullanıldı.

Önüne atılan kemikleri yalarken arkadaşlarına kazık atan birini tanımlarken ***"çavdar erkeği"*** gibi hafif bir cümle, sadece nezaketten kurulur. Yoksa söylenecek çok daha ağır kelimeler de var...

* * * * *

Ben hikayeleri çok severim. ***Uydurma*** bile olsa, hikayeler insana çok şey öğretir. Yüzlerce cümleyle anlatamayacağınız bir konuyu, tek bir hikayeyle anlatırsınız. "*Arkadaşlığın cenneti*" başlıklı hikayeyi kim uydurmuşsa ağzına ve aklına sağlık!

Arkadaşlığın cenneti!

Adam ve hayattaki tek arkadaşı olan köpeği bir trafik kazasında birlikte ölmüşlerdi. Hikaye bu ya, gökyüzüne çıktıktan sonra bembeyaz bulutların arasında dolaşmaya başladılar.

Adam çok susamıştı. Biraz su bulabilmek ümidiyle yürümeye devam ederken, birden kendilerini muhteşem bir manzaranın karşısında buldular. Rengarenk çiçeklerle süslü bir bahçe, altından yapılmış bir bahçe kapısı ve onları karşılayan beyazlar içinde bir kadın...

Adam köpeğiyle birlikte kadına yaklaştı ve sordu:

"Afedersiniz! Burası neresi?"

Kadın ona gülümsedi: "Burası cennet efendim!"

Adam bunun üzerine sevinçle, "Harika!" dedi. "Peki, bana biraz su verebilir misiniz? Çok susadım da!"

Kadın cevap verdi: "Elbette efendim, içeri girin. İçerde dilediğiniz kadar su bulabilirsiniz."

Böylece adam köpeğine, "Haydi içeri giriyoruz!" diyerek kapıya yürüdü ama kadın onu birden durdurdu: "Üzgünüm efendim, köpeğiniz sizinle gelemez. Hayvanları içeri almıyoruz!"

Bunun üzerine adam bir an durdu, düşündü ve geri dönüp köpeğiyle birlikte geldikleri yolun tam tersi yönünde yürümeye koyuldular. Bir müddet geçtikten sonra kendilerini bu defa tozlu ve çamurlu bir yolda buldular, yolun sonunda karşılarına çiftlik girişini andıran bir kapıyla yırtık pırtık elbiseli bir dede çıktı.

Adam sordu; "Affedersiniz! Bana biraz su verebilir misiniz?"

Dede, "içeri gel!" dedi, "Kapıdan girdikten sonra sağ tarafta bir çeşme var."

Adam tekrar sorar; "Peki, arkadaşım da benimle gelip oradan su içebilir mi?"

Dede, "Tabi" dedi. "Çeşmenin yanında köpeğinin de su içebileceği bir kâse bulacaksın."

Bunun üzerine adam kapıdan girdi, biraz yürüdükten sonra sağ tarafta çeşmeyi buldu. Adam çeşmeden, köpek de oracıktaki kâseden doya doya içerek susuzluklarını giderdiler.

Derken adam girişte bekleyen dedeye sordu: "Su için çok teşekkür ederim. Peki burası neresi?"

Dede, "Burası Cennet!" dedi.

Bunu duyan adam şaşırdı: "Ama nasıl olur? Az önce burası gibi kırık olmayan muhteşem bir yere gittik ve orasının da cennet olduğunu söylediler."

Dede, "Şu rengarenk çiçeklerle süslü altın kapılı yer mi?" dedi ve devam etti "ama orası cehennem!"

Adam iyice şaşırmıştı: "Peki ama orası sizin adınızı kullanarak insanları kandırıyor diye hiç kızmıyor musunuz?"

Dede gülümsedi:

"Kızmıyoruz. Çünkü onlar kendi çıkarı için en iyi arkadaşını yarı yolda bırakanları cennetten uzak tutuyorlar."

* * * * * *

Köpek karakterli arkadaşlarla ***köpeklerin*** ortak bir özelliği vardır.

İkisi de ***kemikten*** etkilenir.

Köpekler kemik ***yer,*** köpek karakterliler kemik ***yalar.***

Sadece kemik yalayabilirler. Yiyemezler...

Köpek karakterlilerin önüne kemik atan çakallar, ona kemik yedirmezler.

Köpekler kemik için ***kavga eder,*** köpek karakterliler ***kemik yalarken arkadaşlarını satarlar.***

Köpeklerden korkmayın.

Köpekten arkadaş olur.

Ancak, *arkadaşlarını yarı yolda bırakan,* ***köpek karakterliler-den*** *ne dost olur ne arkadaş.*

Onlar sadece "*iyi gün dostu*"dur.

Sanki "*iyi gün düşmanı*" var da!!!

Bilmek İstiyorum

Geçinmek için ne yaptığın beni ilgilendirmiyor.

Neyi özlediğini, kalbinin arzuladığı şeye kavuşmanın hayalini kurmaya cesaret edip edemediğini bilmek istiyorum.

Kaç yaşında olduğun beni ilgilendirmiyor.

Aşk için, hayallerin için, yaşıyor olma serüveni için, bir aptal gibi görünme riskini göze alıp almayacağını bilmek istiyorum.

Ay'ının etrafında hangi gezegenlerin döndüğü beni ilgilendirmiyor.

Kederinin merkezine dokunup dokunmadığını, hayatın ihanetlerince açılıp açılmadığını, daha fazla acı korkusundan kapanıp kapanmadığını bilmek istiyorum. Saklamaya, azaltmaya ya da düzeltmeye çalışmadan benim ya da kendi acınla oturup oturamayacağını bilmek istiyorum.

Bana anlattığın hikayenin doğru olup olmaması beni ilgilendirmiyor.

Kendi kendine dürüst olmak için bir başkasını hayal kırıklığına uğratıp uğratamayacağını, ihanetin suçlamasına dayanıp, kendi ruhuna ihanet edip etmeyeceğini bilmek istiyorum. Güvenebilir ve güvenilebilir olup olamayacağını bilmek istiyorum. Her gün sevimli olmasa da güzelliği görüp göremeyeceğini bilmek istiyorum. Benim ve kendi hatalarınla yaşayıp yaşayamayacağını; bir gölün kenarında durup gümüş aya "EVET!" diye bağırıp bağırmayacağını bilmek istiyorum.

Nerede yaşadığın ya da ne kadar paran olduğu beni ilgilendirmiyor.

Keder ve umutsuzlukla geçen bir gecenin ardından, yorgun, bitap da olsan, çocuklar için yapılması gerekenleri yapıp yapmayacağını bilmek istiyorum.

Kim olduğun, buraya nasıl geldiğin beni ilgilendirmiyor.

Çekinmeden benimle ateşin ortasında durup durmayacağını bilmek istiyorum.

Nerede, kiminle, ne okuduğun beni ilgilendirmiyor.

Diğer her şey bittiğinde seni ayakta tutan şeyin ne olduğunu bilmek istiyorum. Kendinle yalnız kalıp kalamadığını ve o boş anlarda sana arkadaşlık eden kendini gerçekten sevip sevmediğini bilmek istiyorum.

Oriah Mountain Dreamer

AŞK ÖLMEK ÖLDÜRMEK DEĞİLDİR...

DERVİŞ VE AŞK

Dervişin biri, bir kucak elmayla yanından geçen kıza;

"Nereye gidiyorsun? O kucağına ne doldurdun?" diye sormuş.

Kız: "Sevdiğim çalışıyor şu tarlada. O'na götürüyorum" diye cavap vermiş.

Derviş: "Kaç tane elma var elinde?" diye sormuş.

Kız gayet sakin: "İnsan, sevdiğine götürdüğü şeyi sayar mı hiç?" demiş.

Derviş elindeki tespihini yavaşça koparmış...

Aşk, ateşsiz yanmakmış…

Adı Yusuf Erim. Eski bir öğrencim….

Uzun bir aradan sonra tekrar bir araya gelmek güzeldi onunla.

Ailesini de tanıyordum Yusuf Erim'in. İdealist bir babası, iyi kalpli bir annesi vardı. Düşe kalka hayatı ve insanları tanımaya başladığından bahsetmeye başladı. Konuşurken bazen dalıyordu. Dilinin ucunda bir şeyler olduğunu anlamıştım. Dertleşmeyi de paylaşmayı da sever. Belki bu sefer paylaşmak istemiyordur diye üstüne gitmeyecektim.

Baktım olacak gibi değil. Deşilmesi gerekiyor. Biliyordum içinde kalan dertlerin insanın içini acıttığını, paylaşmanın insanı rahatlattığını.

"Neyin var Yusuf Erim?" diyerek elimi dizine koydum.

Sanki benden bu soruyu bekler gibiydi.

"Yanıyorum hocam!" dedi ve yutkundu.

Derin derin nefes alıp vermeye başladı. Gözlerini kapalı tuttu bir müddet. Sessizliği bozmam gerekiyordu. Daha doğrusu konuya girmesine yardımcı olmalıydım.

"Aşık mısın?" dedim.

Gözlerini açtı. Nemlenmişti gözleri. Kelimeler boğazında düğüm olmuş olsa gerek konuşamadı. Sadece kafasını "Evet!" der gibi salladı.

"Yüreğimdekileri anlatabilsem, dinlemeye yüreğiniz dayanmaz." deyince mum gibi yandığını, mum gibi eridiğini anladım Yusuf Erim'in.

Duyguları konuşmanın zorluğunu biliyordum. Hele de "aşk!" gibi bir duyguyu.... Nereden başlayacağımı bilmiyordum. Yusuf Erim anlatamayacaktı belki. Ben onu konuşturmalı ya da rahatlatmalıydım.

Duygularını çok iyi anladığımı anlasın diye ***"Aşk, mumdan bir kayıkla ateşten bir ırmağı geçmeye çalışmak gibidir Yusuf Erim!"*** dedim.

Acı acı güldü. ***"Keşke o kadar kolay olsa!"*** dedi. Şaşırmıştım.

"Nasıl yani!" diye sorup sormamakta tereddüt ettim. Erim benim konuşmama müsaade etmeden devam etti.

"Mum dediğin ateşin içinde bir kez erir ve yok olur. Aşkla yanan, aşkla yaşayan kişi her gün erir, her gün yok olur. Ben her gün eriyorum hocam! Keşke mum olsaydım? Bir kez yanar bir kez erirdim."

İçim acımıştı. Yusuf Erim'in duygusal bir çocuk olduğunu biliyordum. Ancak ne yalan söyleyeyim bu kadar yürek acısı çektiğini bilmediğim gibi, duygularını bu kadar güzel ifade edebileceğini de bilmiyordum.

"Nasıl başladı?" diye sordum.

"*Tam beş yıl önceydi. İçimdeki özlem ateşi yanmaya başladığında. Onu niye sevdiğimi bilmiyordum. Nasıl sevdiğimi, nasıl yandığımı biliyordum sadece. Sonra çekti gitti. Yıllar sonra tekrar geldiğinde yorulmuştu. Fırtınalardan sahile vuran geminin kaptanı gibi yorgun... Sevinmiştim... Hem de çoook... Benim de bunaldığım, yorgun olduğum bir zamanda gelmişti. O bana dinlenmeye geldiğinde benim ona daha çok ihtiyacım olduğunu bilmiyordu. 'Ben seni sana kavuşmak için sevmedim. Ben seni sen yokken bile sevdim. İyi ki varsın!' dedim ona. "Biliyorum!" dedi. Şimdi yine gidecek gibi. Sebep sormuyorum. Git ya da gitme de diyemiyorum. Belki bana kızacaksınız hocam ama, bilsem ki bugün evlendi ve evlendiği kişiyle çok mutlu, ben de mutlu olurum.*

Yusuf Erim konuşurken gözyaşlarımı tutmayı başardım, ancak gözlerimin nemlenmesine engel olamadım.

İdealist bir çocuktu. "Aşkla yanınca her şeyden vazgeçti mi?" acaba diye içimden geçirdim. Benim soru soramama gerek kalmadan devam etti.

"*İki defa aşk düştü yüreğime. İlk aşkımın adını "dava" ikincisinin adını "özlem" koydum. İkisinden de vazgeçmiş değilim. İki aşkım birleşsin diye dua ediyorum sadece. İlk aşkım için koşturuyorum. İkinci aşkımı bekliyorum.*"

"Ümidin var mı?" dedim.

"*Kavuşabileceğinden emin olduğun birini sevmek aşk değil ki.* ***Aşk kavuşamayacağını bilsen de sevmektir*"**. dedi. Sonra acı acı gülümsedi. Derin bir off çekti. "*Ümidini kaybeden insan lokanta-da bile aç kalır hocam!*" dedi.

"İyi ama yaşın da geldi. Beklemek zor gelmeyecek mi?" diye sordum. Boşluğa baktı, gülümsedi. "Kimi beklediğine bağlı hocam!" dedi.

"Bu kadar acıya rağmen nasıl ayakta durduğunu" sormayı istiyordum. Ama yarasını deşmemek için soramayacaktım. Ama o yine anladı.

"*İman, ibadet, namaz, kitap, dua, imtihan*" *gibi inançlarım olmasa ne yapardım bilmiyorum? İyi ki dindar bir insan olarak yetiştirmiş beni ailem.*

Çok bunaldığı bir dönemde, "*sensizliğin sarhoşluğunu yaşarım ama senin için sarhoş olmam. Çünkü seni de, beni de, kainatı da yaratan Rabbimi daha çok seviyorum*" gibi sözler yazmış.

Erim'den ayrılınca uzun bir müddet kendime gelemedim. Eve de gidemedim. Üsküdar sahilinde yürüdüm bir müddet. Denize baktım. Mırıldanmaya başladım..

Gönül çalamazsan aşkın sazını

Ne perdeye dokun, ne teli incit!

Çekemezsen gülün nazını

Ne dikene dokun ne de gülü incit!

Şu koca denizdeki suyun tamamını Yusuf Erim'in kalbine döksem rahatlar mıydı?

Yüreğindeki ateş söner miydi?

Bilmiyorum!

İnsanların bozulduğu, aşkların kirlendiği bu dönemde böyle gençlerin hala var olduğunu görmek beni çok sevindirdi.

 İyi ki varsın Yusuf Erim!

Elde var aşk.....

Yüreğini siper et. Güvenlik içerisinde olursun. "Yoruldum" deme sakın.

Göğsüne yüreğinden başka muska takanlar yorulurlar.

Göğüs kafesin acıdan bir mengene gibi yüreğini sıktığında, aşk var mı, ona bak.

Varsa eğer, aldırma, dağlar gibi gelsin. Çünkü aşk, acıyı hayata dönüştüren bir iksirdir.

Acıya aşık olanların,

"Ey tabib elden gelirse yâremi gel emleme...
Yar elinden gelmedir bu yâreyi merhemleme..."

diyenlerin sırrı burada yatmaktadır. Bu sırrı bulanlardan biri, sevdanın başöğretmeni öyle demiyor mu: "Ben hüzünlerin Peygamberiyim."

Aşk varsa eğer, sen değil dağlar sallansın.

Acıyı aşkla bal eylemeye bak. Sür merhem diye yürek yaralarına, hayalinin ve umudunun kırık yerlerine, içinin Karacaahmed'e dönmüş bölgelerine.

Aldırma hainlere, ihanetlere. Onlar acıyı aşka dönüştürmemiş zavallılardır. Onlar, muhteşem acılara pespaye sevinçleri tercih eden aşk sefilleridir.

Unutma, bin sevincin vermediğini bir acı verir. Acını, aşkın santralinde bitimsiz bir enerjiye dönüştürmeye bak. Hatırla ki yürek nükleer güç merkezidir. Seven ve inanan bir yürekle hiçbir atom santrali boy ölçüşemez.

Bil ki, umuttan söz ettiğin her dem aşktan söz ediyorsunuzdur. Çünkü umut aşkın çocuğudur.

Aşksız umut, plastik bebekler gibidir; oynar, eskitir ve atarsın.

"Umudum tükendi" deme, doğrusunu itiraf et, aşkının tükendiğini...

Sahi, aşk tükenir mi? Evet, eğer ölümlüden, ölümlüye ve ölümlü adına ise tükenir.

O, aşk suretinde görünen tutkudur. Tutku tutuklar, aşk azad eder.

Bir duygunun aşk mı tutku mu olduğunu anlamak istersen, rengine bak.

Rengine bak, kara sevda mı, ak sevda mı?

Sevdanın karası köleleştirir, akı özgür kılar.

Özgür kılan aşka muhabbet denir.

Muhabbet, yüreğe düşmüş bir tohumdur; "her başka yüz dane veren yedi başak" gibi, yediverendir o.

Muhabbet insanın harcadıkça çoğalan tek sermayesidir. Herşey harcadıkça tükenir, muhabbet asla. Muhabbet müebbeddir.

Üzerine üzerine gelen karanlığın kara yüzlü, kara vicdanlı, kara güçlerini, aşkın siperine sığınarak püskürtebilirsiniz.

Onlar kaybettiler, onlar nefretin eli kanlı temsilcileri... Sen kazandın, çünkü sen aşkın cephesinde yer aldın, aşkın ve aşkının.

Hesabını yaparken tarihi unutma, coğrafyayı unutma. Acıyı unutma, sancıyı unutma. Melekleri, Sakarya'yı, Nil'i, Tuna'yı, Fırat'ı, Dicle'yi unutma. İstanbul'un, Kahire'nin, Bağdat'ın, Şam'ın Mekke'nin çocukları olduğunu unutma. Senin kara, sarı beyaz kardeşlerin olduğunu, yüreğinin Asya, Afrika, Avrupa, Amerika taraflarının olduğunu unutma.

Fakat, hesabını yaparken kesinlikle şöyle başlamalısın:

"Elde var aşk..."

Mustafa İSLAMOĞLU

Aşk bilekte yaşanmaz, yürekte yaşanır

Ben kaçtıkça o beni kovalıyor. "Bir daha aşka dair yazmayacağım! Bana aşkı yazdırmayın!" diye düşünsem de, ya aşk beni buluyor, ya da aşıklar. Ya aşk vuruyor yüreğime, ya da yüreğimde aşk acıyor.

Bu sefer ***"aşk cinayetleri"*** başlıklı haberler takıldı gözlerime ve yüreğime. Neredeyse her gün gazete köşelerine yansıyor aşk cinayetleri. Yazık... Hem kızıyorum hem de üzülüyorum. Aşkından intihar edenlere de katil olanlara da... Ölenlere de, kalanlara da... Yakanlara da yananlara da...

"Aşk" zehir olmamalı. Aşk gibi bir duyguyla, "cinayet" gibi bir kavramı yan yana nasıl yakıştırıyorsunuz?

Aşk su gibi hayat vermeli insana... Ama zehir oluyor bazılarına. Neden?

Ne yaşamayı öğretebiliyoruz gençlere, ne de sevmeyi.

Ne mutluluğu anlatabildik, ne de imtihanı.

Ne hayatı anlatabiliyoruz gençlere, ne de ölümü.

Yaşamı, sevmeyi, mutluluğu, imtihanı, hayatı ve ölümü anlamayan bir gençten "aşkı" anlamasını beklemeye hakkımız yok.

Her şey birbirine karıştı.

* * * * *

Yaşlı bir bey, sabah erken evinden çıkmış, yolda ilerlerken, bir bisikletlinin kendisine çarpmasıyla yere yuvarlanmış ve hafif yaralanmış. Sokaktan geçen hemen yaşlı beyi en yakın sağlık ocağına ulaştırmışlar.

Hemşireler, yaşlı adamın yaralarına pansuman yapmışlar, ama '*biraz beklemesini ve röntgen çekerek herhangi bir kırık veya çatlak olup olmadığını inceleyeceklerini*' söylemişler. Yaşlı bey huzursuzlaşmış, '*acelesi olduğunu, röntgen istemediğini*' söylemiş.

Hemşireler merakla acelesinin sebebini sormuşlar. Adamcağız da "*Karım huzurevinde kalıyor. Her sabah onunla kahvaltı yapmaya gidiyorum. Geç kalmak istemem*" demiş.

"*Karınızın siz gecikince sizi merak edeceğini düşünüyorsunuz herhalde?*" demiş hemşireler.

Adam üzgün bir ifadeyle, ***"Ne yazık ki benim karım Alzheimer hastası ve benim kim olduğumu bile bilmiyor!"*** demiş.

Hemşireler hayretle, "*Madem sizin kim olduğunuzu bilmiyor, neden onunla her sabah kahvaltı yapmak için koşturuyorsunuz?*" diye tekrar sormuşlar.

Adam buruk bir sesle ***"Ama ben onun kim olduğunu biliyorum!"*** demiş.

* * * * *

Aşkı ***kavuşmak*** sanan, kavuşamadığı zaman kendi hayatını da karşısındaki insanın hayatını da zehir eden gençler için aldım bu hikayeyi buraya.

Gençler!

Kavuşmak için sevilmez. Bilmelisiniz ki "kavuşmak" kadar "özlemek" de güzeldir. Kim bilir belki "aşkın kendisi" kavuşmaktan daha güzeldir?

Gençler!

Kulak verin bu sese!

Aşk bilekte yaşanmaz, yürekte yaşanır.

Yürekte yaşanan aşk, kavuşamadığını kırmaz... Kıramaz... Çünkü kıyamaz...

"Mangal gibi yürek!" derler ya... ***"Aşk" için de mangal gibi bir yürek lazım, yumruk olmuş bir bilek değil!***

Aşkı yüreğinizde değil de bileğinizde yaşarsanız, o bilek yumruk olur... O bilek tetik çeker... Hem kendine hem sevdiğine zarar verir, bileklerde yaşanan aşklar...

Hatırlarsınız belki o sahneyi. "Gönül Yarası" filminde Meltem Cumbul, sözlerini anlamadığı ama yüreğini titreten Kürtçe şarkıya ağlarken, "*Abi bu türküye ağlamak için Kürtçe bilmek mi gerek?*" diyordu. Ben çok beğenmiştim o sahneyi.

Aşk da öyle bir duygu işte... Anlayamaz, anlatamazsınız... *Ağustos sıcağında üşümek, kış soğuğunda terlemek gibi...*

* * * * * * *

"İster bu cihanın aşkı olsun, ister o cihanın aşkı olsun, gerçek maşukta suret yoktur" diyor Mevlana. Ey her kıyıya vuran okyanus... Ey her ülkeden geçen gür ırmak... Coşmana devam et, akmanı sürdür. Çünkü sana muhtacız. Sana ve seni anlamaya ne kadar muhtacız ey Mevlana! Hele de konu "aşk" olunca...

Nasıl tanımlar, nasıl algılarsanız algılayın. Ama "aşk cinayeti" kavramı asla doğru bir kavram değildir.

Bencil, egoist, merhametsiz insanlar aptallıklarını tescil ettirmiş oluyor aşk cinayetiyle. Bu sadece duygusal bir cinnet...

Sevdiğinin canını alan bir insanın sevgisine kim inanır? Evladını boğarak öldüren bir annenin sevgisi ne kadar sevgi ise, *aşk cinayeti de o kadar aşktır.*

* * * * * *

Aşka dair yazmayacaktım ama yine yazdım. Aşk yazılacak bir duygu değil. Yazılamaz, yaşanır. Aşkı yazmak da zor yaşamak da...

Allah yaşayanlara sabır versin!

Aşkı yazarken bazen ellerim acıyor...

Tıpkı yüreğim gibi...

Gençlerdeki aşkı öldürmeyin, eğitin...

İçindeki ***ateş*** gözlerinden okunuyordu Fatih'in. Öğrencim değil, arkadaşımdı. Yıllardır öğrencilerimle ilk tanıştığım derste "önce arkadaşım sonra öğrencimsiniz" diyordum. Fatih de arkadaşımdı.

"Yanıyorum hocam!" dedi.

Bahsettiği yangının "yürek yangını" olduğunu anladım.

"Elif'i olmayan, Elif'ini kaybetmiş bir fetihim ben!" dedi. Hiçbir şey anlamamıştım. Sonra önündeki kâğıda Arapça *feth* kelimesini yazdı.

"Bak hocam, bu kelimenin içinde *Elif* olmadığı sürece *Fatih* olmuyor. Ben de Elif'siz Fatih olamayacağım. Ben bende değilim hocam. Nereye baksam onu görüyorum... Yerde Elif, gökte Elif, kağıt'ta Elif, defterde Elif, kitapta Elif... Sağımda Elif, solumda Elif... Bazen nefesim kesiliyor hocam... Ne yapacağımı bilmiyorum."

İçindeki yangınla yazdığı şiirleri okuyordu. En hoşuma gideni ise "*Gözümde öylesine tütüyorsun ki; duman'dan hiçbir şey göremez oldum*" cümlesiydi.

O, şiirlerini okuyup içine dökerken ben ***aşkı*** düşündüm.

Gençlerde ***aşk*** olmamalı mıydı?

* * * * * * * *

Çanakkale şehitlerini, metrekareye 6 bin mermi düşerken, mermilerin içine daldıran ***aşk*** değil miydi?

Ulubatlı Hasan'ı, vücuduna saplanan oklara rağmen, elindeki bayrakla surlara koşturan aşk değil miydi?

Fatih'e "*Ya İstanbul beni alır, ya da ben İstanbul'u alırım*" dedirten, gemileri karadan yürüttüren ***aşk*** değil miydi?

Seyit Çavuş'a 250 kiloyu "Allah" diyerek kaldırtan ***aşk*** değil miydi?

"*Anam babam sana feda olsun Ya Resulullah*" diyen Musab bin Umeyr, ***âşık*** olmasaydı, vücudu sadece parmaklarından tanınacak kadar parça parça oluncaya kadar savaşır mıydı?

Kays'ı *mecnun* eden, çöllere düşüren, *Leyla Leyla* derken *Mevla'yı* bulduran ***aşk*** değil miydi?

"***Aşk***"la dönmeyen, ölüme gülemez.

Ölümü kavuşmaya benzetip, ölüm gününü bayram ilan eden Mevlana âşık değil miydi?

"***Aşk***"la yanmayan yazamaz.

Mehmet Akif yanmasaydı "İstiklal Marşını" yazabilir miydi?

"***Aşk***"la yanmayan sevemez.

Alemlere rahmet olarak yaratılana Allah'ın sevgilisi anlamında "Habibullah" demiyor muyuz?

"***Aşk***"la yanmayan ölemez.

Ulubatlı Hasan yanmasaydı ölümüne koşabilir miydi?

"***Aşk***"la yanmayan yaşayamaz da.

Dipdiri meyyit demiyor mu Allah?

Düşünsenize "*Göz kapaklarımın içine resmini mi yapıştırdın ey Güzel?* Gözlerimi her kapatışta seni görüyorum" diyen genç, insanlık için çalışma idealine kavuşursa neler yapmaz?

Düşünsenize "sarmaşık" kelimesiyle aynı kökten türemiş "*aşk*"la bayrağına sarılan bir genç bayrağı için neler yapmaz?

Düşünsenize "*kim bu cennet vatanın uğruna olmaz ki feda, şüheda fışkıracak, toprağı sıksan şüheda*" mısraları yüreğine "***aşk***"la işlemiş bir genç toprağı için neler yapmaz?

Düşünsenize Selahaddin Eyyubi imanıyla, İslam'ın ilk kıblesi Mescidi Aksa'ya "***âşık***" olmuş bir genç dini için neler yapmaz?

Düşünsenize "gözyaşlarını" itfaiyeciye benzeten, yürek yangınını söndürememekten bahseden bir genç, "Allah" için "yanmaya" Allah için "ağlamaya" başlarsa neler yapmaz?

Şimdiki gençlerde böylesi ***aşklar*** ne gezer demeyin. Çok uzağa değil Kıbrıs Barış harekâtına gidin. Beş parmak dağlarına "Allah Allah" diye çıkan gençler "şimdiki gençlere" çok benziyordu aslında. Yeter ki ellerinden tutacak birileri, ***aşk***larını ateşleyerek onları doğru hedefe götürecek büyükleri olsun.

Siz o zaman görün "Leyla" âşıklarının Mevla aşkıyla neler yapabildiğini?

Bizler, gençlerdeki ***aşkı*** öldürmeye çalışırsak, başkaları o boşluğu ***seks*** ile doldurur. Fıtratta var olan aşk ***"terbiye süzgecinden"*** geçmezse *terbiyesiz* oluyor. Buna da gavurca (!) seks diyorlar.

Yaradan, sevmeye müsaade etmeyecek olsaydı, sevme duygusunu yaratır mıydı?

Gençlerdeki ***aşkı*** öldürmeyin, eğitin.

Yaşayan ölülere değil, aşkla yanan dirilere ihtiyacımız var.

Daha Güzel Yenil!

Yaşamak fakirleştirir adamı.

Durmadan azalır, ama çoğalmazsın tutunduğun umudu bırakırsan eğer.

Deli-dolu, ipe-sapa gelmez hülyaların olmalı. "Ben yürürsem bir gün dağlar da yürür benimle" gibi mesela.

Tut ki yürüdün ve çakılıp kaldı dağlar, ne çıkar?

Değil mi ki umudu yaşadın bir zaman, bir zaman bununla avundun, ışıdı gözlerin bir müddet bu umutla, yetmez mi?

Yüreğinde de olsa bir ülkeyi fethedebilmelisin.

"Denizler durulmaz dalgalanmadan" boşuna mı yani?

Boşuna mı "***yiğit yarasız olmaz?***"

Nedir sana bir kahpelik değdiyse, bu kahpeliği yapan sen değilsen eğer?

Yılgınlık yılkı'lara hastır. Çünkü onlar onca yükü taşıdıktan ve onca yola vurulduktan sonra, tam da hak ettikleri ve ihtiyaç duydukları anda kendilerinden bir tutam ot bir avuç yem esirgenerek zemherinin ortasına salınıveren ama bahar gelip her yerde yeşermişken tekrar geme ve semere dönüp gelenlerdir. Onlar yılkı'lardır. Küheylan değil beygirdirler.

Ne yapmak gerek? Tabii ki beygirleşmemek...

Yani ki en ağır yükün altında bile ayaklarının altında köpüre köpüre ezdiğin bir otlak düşlemelisin.

Esas geme vurulmuşluk düşünü kaybettiğinde başlar.

Yenilmek iki ihtimalinden biridir savaşın. Anlatılacak bir hikayesi vardır. Ve elbette her hikayenin de bir kahramanı.

"İnsanlar savaşıyordu ve ben oturuyordum, elimde kabak çekirdeği".

Kabağın ve çekirdeğin bir suçu yok ama ne böyle bir hikaye olur ne de böyle bir hikayenin kahramanı.

Uğruna kendini adayacağın, savaşacağın velev ki yenileceğin bir şey, bir nesne, bir kimse ya da neyse ne olmadıktan sonra nedir ki yaşamak?

Hiç kimse ebediyen kazanmaz, doğal olarak da kaybetmez ebediyen.

Hiçbir şey olmaktansa bir şeydir yenilmiş olmak.

Bütün bunlar bir "yaşasın yenilgi" değil.

Hiç kimse yenilmek için savaşmaz. Bütün gayretiyle kazanmayadır onun savaşı. Ucunda yenilgi olsa bile budur işte asıl kazanmak.

Umudu yenmeden umutla yenilen adam kazanacaktır elbet.

İyi bir yenilgi iyi bir aşk gibidir, efsaneleşir kendi ayarında.

İyi bir yenilgi kendisi zafer olur bazen ve allak-bullak eder bütün zaferleri.

Firavun'un sihirbazlarının gözünü açan Musa'nın âsasına yenilgileri değil mi?

Adem'in hangi çocuğu unutur Habil'i, yenildi diye Kabil'e?

Mazlum bir yenilgi zalim bir yengiden yeğdir daima.

Umutla yenilen ama umudunu yenmeyen, iyi bir aşk gibi iyi bir yenilgi gerek şimdi bize.

Haydi birlikte tekrarlıyoruz:

Şimdiye kadar savaştın ve hep yenildin.

Olsun.

Bir daha savaş ve daha güzel yenil!

(S. BECKHET)

Sana "Nasılsın?" diye sormayacağım... Çünkü...

Hayat işte! İniş ve çıkışlarla dolu bir yolculuk... Hayat işte! Acı ile mutluluk dolu bir duygu çorbası... Hayat işte! Özlemek ile kavuşmak arasında geçen umut dalgası... Hayat işte! Bazen içinizde bir şeyler yanar. Adına özlem mi dersiniz hasret mi? Yanar işte...

Güvendiğiniz dağlara, karlara yağar bazen. Arkadaş deyip arkanızı yasladıklarınız arkanızdan bıçaklar bazen. En çok arkanızda durması gerekenler bile anlamaz sizi bazen... Haykırmak isterken susmak zorunda kalırsınız bazen... "İyi ki varsın!" dediklerinız bile yok olmaya başlar...

İşte böylesi duygu karmaşası yaşadığınız, içinizde özlem hasretinin yandığı günlerde mail kutunuza bir yazı gelir ve sizi acı acı güldürür... Gülerken, acıyla gülmek böyle bir şey galiba...

"*Sana 'Nasılsın?' diye sormayacağım*" başlıklı yazı da böyle bir günde düştü mail adresime... Sadece mail adresime mi? Yüreğime oturdu cümleler yumruk yumruk... "*Sesli oku da dinleyelim!*" deseler kelimeler boğazımda düğümlenir, boğazımdaki düğümler sustururdu ses tellerimi...

Sana "Nasılsın?" diye sormayacağım...

Başkaları sorduğunda onlara ne kadar harika, ne kadar muhteşem, ne kadar olağanüstü olduğuna dair verecek onlarca cevabın var biliyorum. Bir kez daha aynı sözleri duyacağımı bildiğim için sormayacağım sana o soruyu...

Sormayacağım; çünkü hayatında yaşadığın bitmez tükenmez sorunları yüreğinin kanayışını, hayatının eksilişini, içinin daralışını, yaşama sevincinin tükenişini biliyorum...

Sormayacağım; çünkü, hayatında yakın geçmişe kadar, tüm çevrendekilerin gıpta ile baktığı birçok şey başarıp meyvelerini toplamak için çok çalıştığını, ancak bu topraklarda senin gibi insanların önüne ne derece devasa engeller dikildiğini ve senin bu engelleri aşabilme gücünün tükenme aşamasında olduğunu biliyorum...

Sormayacağım; çünkü, umduğun, istediğin hayatı bir türlü yakalayamayan ama yine de bulduğunla yetinmen gerektiğini hissettiren insanların alaycı tavırlarının seni nasıl kahrettiğini, nasıl yorduğunu biliyorum...

Sormayacağım; çünkü, bu topraklarda yeteneklerine göre değil kimin yanında durduğuna göre değer kazandığını bildiğini ve bunun sana acı verdiğini, direnşen de kendini artık buralara ait hissetmediğini biliyorum...

Sormayacağım; çünkü, geleceğe ait birçok beklentin olduğunu ve bunun için ölesiye çabalamana rağmen, sevdiğin ve en yakınım dediğin insanların hayata bakışını anlamamaktaki ısrarının seni çok üzdüğünü biliyorum...

Sormayacağım; çünkü, insanların özgürlüğün ne olduğunu bilmediği, bilenlere ise birkaç gömlek bol geldiği ve o özgürlüklerin sadece kendine ait bir hak olarak görülmesinin sana acı verdiğini biliyorum...

Sormayacağım; çünkü, "serde erkeklik var" diyemeyip, saklamadan, gizlemeden, utanmadan ağlayabildiğini, "ağlamak ne zamandan beri hak oldu, alındı, satıldı, verildi, lütfedildi?" diye isyan ettiğini biliyorum...

Sormayacağım; çünkü, bazen avazın çıktığı kadar bağırarak, bazense susarak, bazen sayfalar dolusu yazarak, bazen de ağız dolusu konuşarak sevdanı anlatmak istediğini, ama yine de beceremediğini görüp hayata küstüğünü de biliyorum... Evet sana "nasılsın?" diye sormayacağım...

Şimdi yıka elini yüzünü, gülümse aynalara, kendine çeki düzen ver ve her zaman senden bekledikleri maskeyi tak yüzüne...

Gülümseyerek "harikayım, nasıl iyi olmam ki" de yine...

* * * * * *

"Acı acı güldüm ben bu yazıyı okurken. Hem içimi acıttı, hem de ferahlattı yüreğimi...

İçinizi acıtmak için değil, yüreğinizi ferahlatmak için paylaştım bu yazıyı...

Paylaşırken yüreğim acımış olsa da...

SON SÖZ YERİNE

Bilgi, kağıt üzerinde mürekkep olmaktan çıkıp eyleme dönüşmediği sürece işe yaramaz.

Kaynakça

9 Yüz Katlı İnsan - Mustafa Merter - Kaknüs Yayınları

Psikolojik Tehlike - Mücahit Gültekin - Nesil Yayınları

İnanç Psikolojisi - Prof. Dr. Nevzat Tarhan - Timaş Yayınları

Namazın Sırları - Onk. Dr. Haluk Nurbaki

Stres ve Başaçıkma Yolları - Acar-Zuhal Batlaş - Remzi Kitabevi

Stresi Mutluluğa Dönüştümek - Prof. Dr. Nevzat Tarhan - Timaş Yayınları

"GELECEĞİMİZ ÇOCUKLAR"

konferans içeriği...

Çocuklarımızın ayaklarına batan dikenler, ya bizim ektiklerimizdendir, yada biçmediklerimizden...

Bu dünyada bana bir "melek" gösterin deseler, bir çocuğun yüzüne bakın derim. O saf, o masum, o günahsız yüz, melekten başka neye benzetilebilir ki? Tüm bedenleriyle güler çocuklar. Ağlarken de bütün bedenleriyle ağlarlar. Yerleri tekmeleyerek, kendisini yerden yere atarak ağlayan ve gülen çocuklar henüz ikiyüzlülüğün ne demek olduğunu bilmiyorlar.

Günahsız melekler nereden öğreniyor ikiyüzlü olmayı da ikiyüzlü insanlarla dolu bir dünya da yaşıyoruz?

Eşrefi mahlûkat (yaratılanların en şereflisi) olarak dünyaya gelen insan, nasıl oluyor da esfele safilin (hayvandan daha aşağı) seviyesine düşüyor? Bunun suçlusu kim? Bu kadar çok kapkaççılar, sokak çocukları nereden türedi?

"Okulda dehşet" başlıklı haberler hepimize normal gelmeye başladı. Daha beş yıl öncesine kadar böyle haberler duymak çok zordu. Bugün neredeyse her hafta yeni bir "dehşet" haberi duyar olduk. Bu gençler nasıl bu kadar cani olabiliyor?

Doğuştan zalim insan olmadığına göre bu kadar zulüm niye çekiyor insanlık?

Doğuştan katil insan olmadığına göre bu kadar çok cinayet niye işleniyor?

Doğuştan hırsız insan olmadığına göre evlerimizde çelik kapılara rağmen niçin rahat uyuyamıyoruz?

Sorular, sorular, sorular...

Dört yaşındaki bir kız çocuğu annesinin dizinin dibinden ayrılmazken, aynı kız çocuğu on dört yaşına geldiği zaman annesinin yanından niçin uzaklaşıyor?

O on yıl içerisinde anne kızı arasında yıkılan iletişim köprülerinin sebepleri nelerdir?

Bunu hiç düşündünüz mü?

Beş yaşındaki bir erkek çocuğu babası kapıdan içeri girer girmez, "Babam geldi!" diyerek babasının bacaklarına sarılırken, aynı erkek çocuğu onbeş yaşına geldiği zaman babası kapıdan içeri girer girmez niçin kendi odasına kaçıyor? O on yıl içerisinde baba ile oğul arasında yıkılan iletişim köprülerinin sebepleri nelerdir?

Bunu hiç düşündünüz mü?

Altı yaşında bir merhamet abidesi olan bir çocuk, onaltı yaşına geldiği zaman nasıl katil olabiliyor?

O on yıl içerisinde çocuğun merhamet duygularının canavarlaşmasının suçlusu kim? Bunu hiç düşündünüz mü?

Seminerimizde bu soruların cevapları üzerine birlikte düşüneceğiz.

Sait ÇAMLICA

İKİ DÜNYA MUTLULUĞU İÇİN

ikidünya